学問の開拓

中村　元

ハーベスト出版

Hajime Nakamura 1986.

学問の開拓

はしがき

学問的な意味でのわたくしの自伝を書いてほしい、との依頼があったとき、わたくしは即座に辞退した。わたくしの生涯には、特別に人に伝えるほどのものがあるわけでもないし、またそういうことをする暇で、わたくしは未熟な自分自身の研究を進めねばならないと考えているからである。ところが、編集部の人々はあきらめなかった。「ともかく編集部の方ではこれだけの企画を立てたから見てほしい」といって、わたくしの今までの仕事を微に入り細を穿《うが》って綿密に調べ上げた企画プロットを送って寄こされた。その熱意と努力とに打たれた。これだけ大変な労力と時間を傾けられたのだから、それを無にするのは悪いと思うようになった。そこで、自分では書く時間的余裕がないが、インタビューに基づいて一書をまとめられることで、ついに承諾した。

ところで、そのインタビューが大変大がかりなことになった。編集長の三原嘉幸氏をはじめとして、斉藤佳子氏、飯島靖雅氏、渡辺誠氏、カメラマンの菊池東太氏がわたくしに同行して、松江まで行かれた。話を聞くには、故郷のような所で寛《くつろ》いで話を聞き出した方が、本人の本音が出てくるというのである。家内もその両親が松江の出身であるというので、引っ張り出された。遠い昔を思い出しながらの口述は、またひとしお感慨の深いものがあった。

ついに、話の録音に基づいて、編集部の方で整理執筆されたのがこの書である。主として文章をまとめられたのは、渡辺誠氏である。したがってこの書は、わたくしが自ら執筆したものではなくて、編集部が読者諸氏の興味や意向を忖度《そんたく》して、聞き出して作られたものである。ただし実質的内容はわたくし個人に責任があることは言うまでもない。インタビューのままだと、文章が散漫になる恐れがあるが、編集部の方できちんとした文章に整えられたので、全体としてはまとまりのあるものになったと思う。ある部分は、わたくしが先年書いた論文や著作物から引用されている。写真は、編集部の意向にしたがってカメラマンが撮影されたものと、わたくしの家に保存されていた古い写真の中から、編集部が選ばれたものである。プライベートな写真を書物に掲載してよいかどうか迷ったが、どなたかが記念のために撮影して残されたものであるから、その好意を生かすために、おとなしく編集部の意向にしたがった。

※著作論文目録は、大部な量となったが、これからの学徒に利用して頂ければ幸せだと思って、あえてつけてもらった。ただリストだけでは、一般読者はウンザリされると思われるので、編集部と合議の上、適当な個所に説明の文章をすこし挿入することになった。

こういう大変な手数を経てでき上がった書物であるが、これからの若い人々に何らかのお役に立てば幸せである。そして大変な努力を惜しまれなかった方々に深く感謝する。

一九八六年十月二十四日

中村　元

本書は、一九八六年十二月五日に佼成出版社より刊行され、中村元博士生誕一〇〇年にあたり新書版に組み直し発行するものです。復刻にあたり『中村元著作論文目録』は割愛し、巻末に新たな原稿を加えました。

学問の開拓　目次

本文中の（　）内の註は佼成出版社編集部が記しました。

第一部　独創への道

思想とのふれあい

「古いものを喜んではならない。また新しいものに、魅惑されてはならない。滅びゆくものを、悲しんではならない。牽引する者（妄執）に、とらわれてはならない」『スッタニパータ』より

日本の学問的風土

この本の中で、「中村の学問人生論を語ってほしい」というのが、編集部の要望である。現在のわたくしは、十三年前に東京大学の教授を退き、「東方学院」という小さな研究所を主宰している在野の老学徒である。そんなわたくしに、自分の生い立ちや両親のこと、少年期、青年期のことなどを語りながら、わたくし自身の学問観を語ってほしいというのである。

在野に身を置くとはいえ、私はまだまだ自分を回顧するほどのゆとりもなく、いささ

か気の重い問いかけだと思っていた。

しかしながら、わたくしは語ることにした。わたくしのささやかな学問的軌跡が、若い人々の学問人生にいささかなりとも役立つことがあれば、恥ずかしながら語ったことも意味がでてこようと思うからだ。だから、これまでのわたくしの著作物とは異なった内容であることを、まず最初にことわっておかなければならない。

ところで、学者としてのわたくしの人生は、長いといえば長いし、また短いといえば、やはり短いといえるような気がする。ただ、わたくしは、長いような短いようなその学問人生を、良き師に導かれ、良き友に支えられて生きてくることのできた幸せ者だと、自分の来し方を振り返って、感謝の念を新たにさせられるのである。

日本の学問的区分によれば、わたくしの専門は、インド哲学ということになっている。そこで、ときには「インド哲学者」と呼ばれることもあるが、これは日本独特の名称で外国にはない。元来、日本語では、フィロソフィー（philosophy）を「哲学」と訳しているが、日本語で使われている哲学と、西洋人が意味する、あるいは一般に用いている場合のフィロソフィーは、必ずしも一致しない。日本で哲学というと、非常に難解で、煩瑣《はんさ》な議論をする学問と思われ、案外、人生の問題というものは無視されてしまう傾向がある。ところが、西洋でフィロソフィーというときには、人生観・世界観まで含めて考えられているのである。

考えてみると、フィロソフィーという言葉がギリシアで最初に使われたときには、実践的認識のことであった。これを哲学として訳しても、その「学」が「学ぶ」という意味であれば、明らかに実践的認識の意味になるのであるが、この頃は、非常に特殊な議論をするのが哲学だと思われている。

あまつさえ「インド哲学」というと、まるで火星人の言語のような難解な術語をそのまま用いる学問と、世間では考えられているので、わたくしは自分の専攻を「インド思想史」と称している。思想を、動いている生きた社会に即して捉えるためには、このほうがよいと思う。

ところで、人間は人間である限り、思想なしに生きていくことはできない。思想など無用の長物だ、と退ける人もいるだろうが、そのように主張すること自体が、じつは一つの思想を形成しているのである。人が生きていくには、自分の行動様式を統一し、それの準拠する思想的根拠がなければならない。

では、「思想」とは、何であろうか。ある辞書には「判断以前の単なる直観の立場に止まらず、このような直観内容に論理的反省を加えてでき上がった思惟の結果。社会・人生に対する全体的な思考の体系」と定義されている。これでは何のことだかよくわからない。「思想」として、わたくしが言いたいのは、人の考えであって、それが各個人の行動を全体として指導する意義をもっているもの、人が生きていくための指針をいうことにする。

ところが、この思想に関する学問が、日本の諸大学で細かく分けられているのは、いったいどうしたことであろう。例えば、ある国立大学の講座名をみると、西洋哲学、中国哲学、インド哲学、倫理学、宗教学、宗教史学、心理学、美学、芸術学など、さながら蜂の巣のように細分化されているのである。これらの学科それぞれにはある種の〝縄張り〟があって、例えば、倫理学の先生は倫理学のみを講義し、そのかわり他の学科の先生がこれを講義するのをよしとしない傾向さえみられる。これはおそらく、日本の置かれてきた歴史的、思想的事情に一因があるのではないか、とわたくしは考えている。

日本は明治以来、とにかく西洋の思想を受け入れることに追われてきた。受け入れるには専門を細かに分割して輸入するほうが手っとり早く、便利であったからであろう。

学問のこのようなセクショナリズムは外国にはない。外国においては哲学のあるプロフェッサーが、あるときには倫理学を講義し、あるときには美学を講義するというようなことは茶飯事である。自己の内部の思想的必然性に基づいて、必要があればそれを取り上げる。西洋の偉大な思想家は、例えば、カント（一七二四〜一八〇四）にしても、ヘーゲル（一七七〇〜一八三一）にしても、皆これらの諸分科を一手に扱う中から生まれたのである。

わたくしの専攻はインド思想史と書いたが、仏教研究は当然その中に含まれるので、わたくしは、ときには「仏教学者」と呼ばれることもある。また、「宗教学者」と呼ばれることもあるし、近年では単に「哲学者」として紹介されることもあるが、どれでもよいと思う。日本では、学問の世界でも「村意識」があり、インド学ないし仏教学の研究と宗教学の研究がいつのまにか別々の「村」で行なわれるようになったし、哲学とインド哲学も「村」が違うのである。これも日本だけにみられる現象で、残念なことだと思う。

なぜ、わたくしが今ここでこんなことを語るのか。わたくしのめざす学問を考える上で、重要な意味をもつと考えるからである。わたくし自身はどういうレッテルを貼られても構わない。ただ、日本の学問の「ナワバリ」意識に染まらず、ひたすら学問的な真理を追究することが、自分の仕事だと考えているのである。

勉め強いること

振り返ってみると、わたくしの学問の本当の意味での出発は、昭和十一年にまで遡るように思われる。昭和十一年といえば、ひと月前に二・二六事件が起き、中国大陸でも不穏な情勢がひろがりつつあった年である。その年の三月、東京大学の印度哲学科を卒業したわたくしが、直接の指導教授である宇井伯寿《はくじゅ》先生（昭和三十八年没）のお宅に伺ったときのことであった。

宇井先生はかねてから、わたくしが卒業したあとで「申し聞かせることがある」といっておられたが、何を叱られるのかと内心恐れをなしていたら、そのとき次のような話をされた。

「仏教研究者が最初から仏教の研究に入って行くと、なかなか古来の宗派の立場に立った教義学の考えから脱出できないものだ。学者は若いうちにはその源流であるインドの思想を研究して、視野を広くしておくと、仏教を客観的に見ることができる。日本人の学者であるならば、必ず後には伝統的な仏教を手がけるようになるから、若いうちはインド思想の勉強をするがよい」。

このような趣旨を三十分間くらい、具体的な例をあげて話をされた。そして、研究の第一歩としては「ヴェーダーンタ哲学」を手がけるように勧められた。その他には何もいわれなかった。

「ヴェーダーンタ」といっても、読者の多くには耳新しい言葉であろう。それは、インドのバラモン階級を中心に発達した民族宗教（バラモン教）の根本聖典ヴェーダの「終わりの部分」、すなわち「奥義書（ウパニシャッド）」を示し、同時に、「ヴェーダの極意」を意味する。そのためにヴェーダーンタ学派はウパニシャッド学派ともいわれ、インドの多くの哲学学派の中でその哲学（ヴェーダーンタ哲学）は、インドの哲学思想の主流をなしている。宇井先生は、それをインド思想研究にまず取り上げてみては、といわれたのである。これがわたくしの学者としてのその後の歩みを定めた、本質的な方向づけであった。言いかえれば、学問への出発であった。

こうしてわたくしは、大学卒業後七年くらいは、特に「ヴェーダーンタ哲学の発展」という問題を手がけることになり、ことにインド最大の哲学者といわれるシャンカラ（約七〇〇～七五〇）が現われるまでの発展史に努力を注いだ。以後、次第にインドの哲学思想を研究するようになり、『インド思想史』といった本も書いてみた。さらに思想を理解するにはその思想を成立させた歴史的社会的基盤を知らねばならないということから、不完全ながら、インドの古代史についての研究を本にまとめたこともある。インドの哲学思想の一つである仏教も、宗派的な立場から教義研究を行なってきた日本の伝統的宗派の、いわゆる仏教学とは異なったものを世の中に紹介していく道もそのうちに開けてきた。

また、わたくしはときとして学問的関心がひろがり、今日「比較思想」と呼ばれている学問分野を開拓することに力を注いだ。

日本における思想研究は、「だれだれの思想について」といった固有名詞つきの思想研究、局面的な研究が多く、思想そのものを追究する気構えが弱いように見受けられる。思想そのものを問題とするには他の潮流における類似した思想と対決して、特殊的なもの、偶然的なものを洗い落して、本質的なものを取り出す必要がある。そのための手続きとして当然必要となるのが、世界の諸思想潮流との比較である。これが「比較思想」である。

若い学者たちのいうところによると、「比較思想」という語を用いたのは、わたくしが初めてであるという。あるいはそうかもしれないが、海外では「比較哲学 comparative philosophy」の名のもとに、この種の研究が早くからなされていたのである(わたくしが「哲学」という日本語をなるべくなら使うまいとする理由については前述した)。わたくしは外国におけるこの研究の発展史を紹介し、また日本での動きも論じたが、自分でも「比較」という手法によって、インド人・中国人・チベット人・日本人それぞれの思惟方法の違いを論じたり、「世界思想史」をまとめたりした。

以上がわたくしの学問の歩みを俯瞰したときの、非常におおまかな輪郭であろうか。

こういう問題について過去に書いた、やや専門的な著作・論文・一般向けの書は、同学の人たちに比べても決して少なくないほうだろうと思う。なぜならわたくしは、研究書であれ、一般的であれ、論文であれ、ともかくも書き残すことを自分に強いてきたからである。

これはこの本のどこかで述べようと思うが、わたくしは人文科学の徒にとって、ものを書きつけることは最も必要なことだと考えている。人文科学は絵画や彫刻に似たところがある。古いものが必ずしも新しいものに劣らず、新しいものが必ずしも古いものを凌駕《りょうが》していない多くの実例を、人は人文科学の世界に見ることができるであろう。『古事記』を研究する人々が現在でも本居宣長《もとおりのりなが》（一七三〇〜一八〇一）の『古事記伝』をまだ全然無視できないような例がある。してみれば、研究が未熟な段階にとどまっていようと、借越と思われようと、書いてこれを活字にしておくことは、後の時代にまで意味を有しないとも限らないではないか。学問の成果は、万人の批判に堪えうるものでなければならない。その批判を通してこそ、学問の発展があろう。わたくしはこういう理由から、書き残しておくことを心がけてきたが、これについては後述にゆずりたい。

こうして自分の足跡を眺めると、やり残したことがまだまだあることに気づく。インド思想の研究においても、仏教の研究においても、それは同様である。わたくしは東京大学で三十年間にわたって、さらに定年退官後は東方学院という私塾で、インド哲学の講義を行なってきた。時間的には長いといえるその学者としての生涯を「短い」とも感じてしまうのは、時間があればやってみたいと思うことを山ほど抱えているからであろう。

わたくしは今、自分が研究してきたことを体系化し組織化する必要を覚えるとともに、「新しい論理学」の創造を志して、すでに論文を雑誌に連載中である。ひと言でいえば、それは西洋の論理学と仏教の論理学（因明）とを比較考察し、両者を総合して根底から考え直す仕事である。学問の成果は普遍的にだれにでも認められなければならないが、そのためには筋が立っていることが求められる。この意味で、学問研究の根本は論理である。そして、論理の構造を解明する学問が論理学であるから、わたくしのこの試みが万が一成就すれば、それは学問研究に一つの「新しい視野を与えること」になろうかと考えている。晩年になってからこんなことを考えるのは年寄りの冷や水という以

若い研究者の育成とともに、自らの新しい学問に情熱を燃やす。
東方学院で

上に、老人が体力も考えないで、胸突き八丁の急坂をよじ登るような気がする。もはや、「日暮れて道遠し」の感もするが、わたくしは、ともかくも悠々自適といった身分ではない。今やまったく在野の無職の学者となり、しかも小さな研究所（東方学院）を運営するという、考えてみれば無謀なことをやる中で、引き立てて下さった方々の恩に報いようと、体の動くうちに、なお「勉め強いて」研究を進めたいと思っている老学徒である。勉め強いること、すなわち「勉強」である。学者は老いたら引退し、後進の育成に専念するのが賢明だ、という人もいるが、わたくしはそうは思わない。老人が真っ先に立って、新しい学問を開拓する必要があると考える。

こういう現在のわたくしの書くものだから、この本は当然、回顧録、自伝のたぐいではない。これはいわば、わたくしの学問の「開拓小史」のようなものである。この本の題を『学問の開拓』としたからには、本来なら、わたくしが興味を覚えた問題、研究内容とその方法などの詳細に、立ち入る必要があろう。しかし、限られた紙数にそれを書くのは「帯に短し襷《たすき》に長し」になりかねないので、ここでは個々の研究のテーマと概略、その連関に注意して記すにとどめておきたい。その中で読者がもしも興味をもたれたこ

とがあれば、※編集部の好意で巻末につけた著作論文目録をご参照の上、その関係の拙著を一つでもご一読いただけると望外の幸せである。

わたくしは、この本を書き進めるにあたって、次のような問いを常に忘れまいと思っている。すなわち、勉め強いることとは何か。学問とは何か。学問に対する姿勢は、どうあるべきか。そして、学問の真の開拓とは何か……。

冒頭に述べたように、わたくしは良き師に導かれ良き友に支えられて、どうにか今日までやってこられた人間である。わが師わが友の指導や感化がなければ、早い話が、多くの世人が見向きもしないような仕事にわたくしを駆り立てるということは、起こらなかったであろう。そして、わが師友は、そのような問いに対する答えを、わたくしに授け、あるいは示唆してくださったのである。わたくしはそれを、わたくし自身の体験的学問論ないし学問観とともに読者に伝えることができれば、この本を書く目的の大半は遂げられたものと考える。

話材はわたくしの家のこと、人や書との巡り会い、学問の骨格や方法論、国内国外の活動で学んだこと、果ては人生論、文明論にまでわたることになる。この本を読まれた、

主として若い方々が、勉め強いること、学問することの苦しみの中に、計り知れない楽しみがあることを、漠然とでも感じとっていただければ幸いである。

風土と学問

一人の学者の中で、自分の学問と生まれ育った風土や家がどのように関わり合うものか、少なくもわたくし自身は、その種の自己分析をしたことがない。ときに、わたくしの生い立ちの地や家のことについて尋ねられることがあるのは、学問との関係が問題になるからであろうが、山陰地方の一隅の平凡な一つの家のことなど問題にする必要はないであろうとも思う。しかし、そこにはわたくしだけが知っている記録や伝えもあり、もしもわたくし

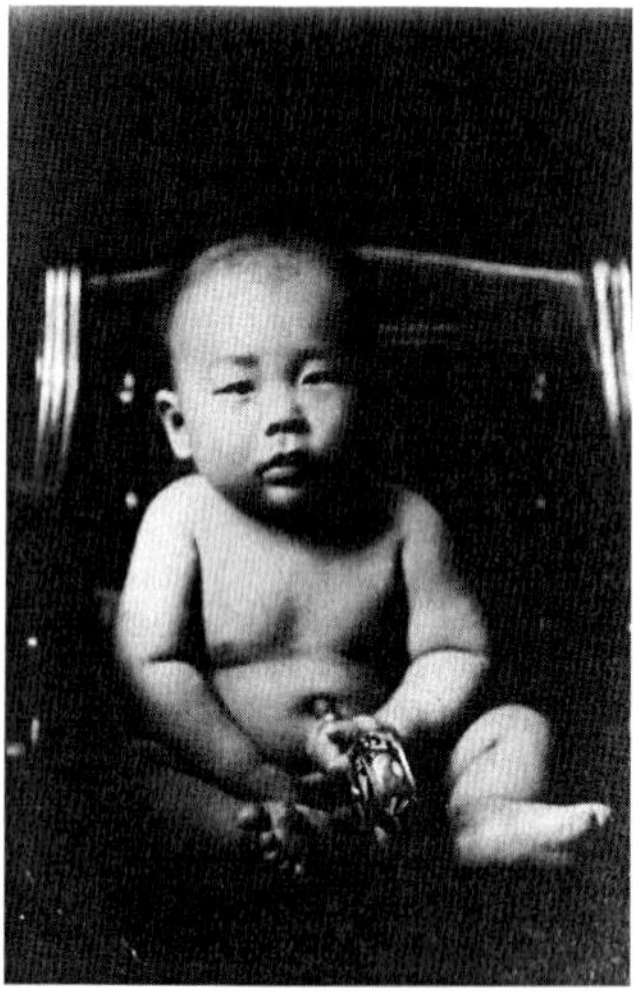
大正二年、生後九ケ月の記念写真

が消え失せたならば、それらは未来永久に失われてしまうであろう。そこで、この本の主題にあるいは間接的に関わるかもしれないと思われることどもを、冗漫にならないように注意しながら、書きとめておこう。

わたくしは、日本に帰化した小泉八雲《こいずみやくも》ことラフカディオ・ハーン（一八五〇～一九〇四）が一時居住した、島根県松江の生まれである。ハーンといえば日本人は松江を連想し、また松江といえば今日ではハーンを抜きにしては考えられない。ハーンは明治二十三年（一八九〇）の八月末に島根県立松江中学に着任し、翌年の十一月には熊本の第五高等学校に赴任している。この都市に、彼はわずか一年三カ月しかいなかった。それにもかかわらずハーンといえば松江を連想するのは、彼が松江を愛し、そこで小泉節子と結婚して小泉姓を称するに至ったからであろう。

わたくしはハーンにはもちろん会ったことはないが、子どもの頃から親しみをもっている。松江は祖先以来（といっても四百年前からであるが）の地だからである。

わたくしは大正元年十一月二十八日に生まれた。元年に生まれた長男であること、また小学校に入ったときに名前を書きやすいように、との父（中村喜代治《きよじ》）の配慮から、

「元《はじめ》」と命名された。ものごころつく前、数え年二歳のときだというが、一家はこの地を去って東京で暮らすことになった。しかしその後も、わたくしは法事に出たり、ここで兵役につくなど、何かことあるごとに帰省することが多かったので、松江にまつわる思い出は、時間的順序は渾然《こんぜん》としているが、尽きぬほどある。

これは余事になるが、わたくしは今日も、しばしば贈答の品には松江の菓子を利用させていただくことにしている。東京のデパートでいかに高価な物を買って贈るよりも、そのほうが印象的であろうといった、故郷にお金を落とし故郷のことが一人でも多くの方に知っていただければ、それにしくはないという、考えからである。しかしそれは、今は帰るべき家もないが、祖先以来の地を愛するわたくしの気持ちにかわりないことを表わす、ささやかな試みにはなるであろう。わたくしがハーンに親しみを覚えるのも、時代こそ違え、結局、彼と同じく松江を愛しているからであろう。

わたくしの母（中村トモ）は、ハーンが人力車に乗って出かける姿をよく見かけたという。松江の人々はハーンを「ヘルン」と呼び習わしている。松江中学校の英語教師になったときの辞令にヘルンとあるからであろう。明治二十三年九月十四日の『松江日

報』には、こんな記事が載っている。

「今度本県に雇入れられたるお雇教師ヘルン氏は、感心にも日本の風俗人情を賞賛することしきりにして、其身も常に日本の衣服を着して日本の食物を食し、只管《ひたすら》日本に帰するが如き風あり」

この有名な異人さんの姿に、古風な都市の人々は興味をもち、語り合っていたに違いないから、少女だった母の眼もそこに注がれたのであろう。母は明治十四年一月二日の生まれであるから、九歳あまり、数え年で十歳であった。五歳年長の伯父（母の実兄の高橋勝）は、ちょうど中学生のときであり、ハーンに英語を習ったという。

当時、山陰地方に鉄道はまだ敷設されていなかった（松江駅の開業は明治四十一年十一月）。わたくしの伯父は、上京遊学するのに、鳥取県の境港まで出かけ、そこから船で丹後の宮津へ着いたという。ハーンは米子から蒸気船で中海を渡って松江大橋のたもとの船着場に上陸したと伝えられる。彼の赴任も、容易ならぬ苦労があったと思われる。そのような困難を押してまで、外人の優れた文人を招致した当時の島根県の文教指導者の英断に深い尊敬をいだくとともに、またそれをあえて受けたハーンの人柄に、ひたむ

きなものを感じる。何もそんな僻地にまで出かけなくても、文明開化の日本には、いくらでも活動の場所はあったであろうに……。

元来、松江藩は親藩であるにもかかわらず、どういうわけか、「武」よりも「文」を重んじる風のあったところのようである。その傾向は維新後にも見られる。例えば明治六年、島根県では元・修道館（藩校）の書生寮があったところに「書籍縦覧所《しょじゃくしょうらんじょ》」というものが設けられている。書物をほしいままに読めるところの意で、今日いう公立の図書館である。当時全国に設けられた公立図書館は十カ所、うち半分は「武蔵国」にあり、残りが全国に散在していたが、そのうち一カ所が松江にあったわけである。そこには洋書二千冊余りが蔵されていたという。驚くべきことである。松江藩は当然幕府方でフランス人の教官を招聘《しょうへい》していたから、その多くはフランス語の書物だったのではなかろうか。こえて明治三十二年には、私立松江図書館が開館している。これも、当時全国の私立図書館は、東京に南葵《なんき》文庫があるのみであった。

わたくしはその書籍縦覧所や私立松江図書館の設立された殿町《とのまち》にある、母の生家で生まれた。ここはお城のすぐ前で、士たちがいつでも城中の御殿に伺候できるように構えていたに違いないし、その町の面影を子ども心に、わたくしはわずかに覚えている。そこは、今でも京都の街などに見かけるような細長い路地に家々が立ち並んだ、なかでも仄暗い一帯であった。しかしその後の火事や区画整理で、あたりはすっかり変貌した。現在は大きなデパートの建っているあたりだと人に教えられたが、その敷地のどの一角にわたくしの生まれた家（母の生家）があったものか、今はもうつきとめることもできない。すぐ前は県庁であったが、その県庁も現在は別の地に移っている。

母はお産のために殿町の実家に帰り、そこでわたくしが生まれたのであるが、わたくしの家（中村家）は、松江の郊外で奥谷《おくだに》というところにあった。まさに「奥の方にある谷」のような所である。だから坂を登って行くと、万寿寺という臨済宗の寺院があり、その道の南側に旧幕時代以来の中級士族の邸が並んでいる。建物は部分的に修理されて洋風を加味しているが、門構えは旧幕時代さながらの家を、今でも見ることができる。邸の前に溝が流れていて、その奥に泉があり、その水の清冽なことはとても県庁所在地とは思われないほどであった。溝の水にはオタマジャクシなどがいた。わたくしは小学校に上がる前後に帰省したとき、そこで泥だんごを七十二個つくって遊んだことを親族

松江の生家があった場所を感慨深げに散策する著者

が記憶している。わたくしはそういう単純作業を好む傾向が、子どもの頃からあった。

わたくしは最近（昭和六十一年八月）墓参のために帰省した。その折、久しぶりに奥谷まで足をのばした。あたりは新興住宅がふえ、心なしか電信柱の数も増したように感じられたが、それでも万寿寺前から左に折れた小道にある竹藪などに、昔日を偲《しの》ぶことができる。わたくしの家はここの千坪の敷地に、確かに五十年ほど前までは建っていたのである。

千坪というが、中村家がもとからそのような広い屋敷を領していたわけではない。維新によって没落した士族は、ことに松江藩が親藩であっただけに、親会社のつぶれた子会社の社員のように、離散の憂き目に遇わなければならなかった。わたくしの祖父（中村秀年《ひでとし》）も本来ならその轍《てつ》を踏むところであったが、後に述べるような事情から、幸い祖先の地にとどまることができた。そして、かつての隣家のよしみで、没落士族たちから頼まれ祖父が買った土地が、千坪になってしまったのであるが、その値は一坪一銭だったとわたくしは聞いている。家は伊豆韮山《にらやま》の代官江川太郎左衛門の屋敷（現存）を小規模にしたような造りで、やはりここも全体に暗い感じであった。千坪の敷地には、現在九軒ほどの瀟洒《しょうしゃ》な家が建っている。

わたくしが老妻とともにあれこれ懐かしみながら奥谷をそぞろ歩いていると、一軒の家の前で何か用事をされていた人が、「道をおさがしですか」と、声をかけてこられた。わけを話すと、光栄にも先方はわたくしの名を知っておられたばかりでなく、「この小道を、私たちは〝中村道《なかむらみち》〟と呼んでいるのですよ」と、屈託なくいわれるのであった。伺えば、島根大学で植物学を教えておられる西上一義《にしがみかずよし》という先生であった。

わたくしは大学を卒業した翌年（昭和十二年）、この屋敷を売り払ってしまった。当時わたくしには研究費など極くわずかの収入の道もあり、篤志家の援助もあったが、弟たち三人はまだ糊口を凌《しの》げる年齢でもなかった。わたくしは、東京で働いていた父も一切手をつけなかった松江の財産を許されぬこととは知りながら、背に腹はかえられず、とうとう全て処分してしまったのである。

その植物学の先生は、かくて名実ともに敷地を離れて久しい、いわば「流れ者」のわたくしの姓を、わたくしにも思い出深い坂道に冠して、呼んでいるのだといわれる。光栄の至りであり、わたくしは思わず目頭が熱くなった。奥谷の通りの西側に田原神社（通称、春日神社）がある。その前の細い坂道を登って、浄土真宗の寺院、また中村家の菩提寺である真光寺など幾つかの寺院の前を通っていくと、お濠端に出る。そこにハーン記念館とハーンの旧邸とがある。

ハーンの旧邸はもと小泉家の邸であった。構えからみると、士族の邸のうちでは中級の上とでもいうべきか、落ち着きのある気品のこもったたたずまいが感じられる。ここは小泉家の親戚の根岸氏が現在管理しておられる。根岸家のことは、両親を通じてわたくしの幼少時代からよく耳にした。ハーン記念館を出て、お濠端へ出ると、すこし傾いた老松が濠の緑青色の上におおうように聳《そび》えている。濠の上に、老松のかもし出す陰影

松江を愛した小泉八雲の旧宅を訪れた著者夫婦

は、幽幻の境地に人を導いてゆく。

ハーンは、『知られざる日本の面影』などで、広くこの都市の風土を紹介した。松江には、確かにハーンを惹きつけただけの何かが残っている。松江藩は一体に、人としての気品を重んじていたようである。静かな中に奥行きのある気品——それがハーンを魅了したのであろう。そして、土地の人々の人情はこまやかで親切である。この気風がハーンをして、松江を離れ難いものにしていたのであろう。ハーンよりも後に、松江の中学校長に赴任された西村房太郎先生（のちに東京府立一中校長）は、ハーンもおそらく散歩したであろう奥谷の、ある名家の塀が崩れかけているのを見て、「白梅《しらうめ》や兵法《ひょうほう》の家《いえ》荒れにけり」と一句をものされた。これを見たある人が、「されど、いちじくは厳として存す」という評語を付加した。「厳として存するもの」――ハーンはそれに魅了されたに違いない。

わたくしは中学時代にハーンの『怪談』や『心』などを愛読したし、今も外国旅行の折りには、彼の作品を持ち歩いている。彼は「外国人である文人」という、まったく異質的な眼をもって、松江という地の人を、ひいては日本人全般を眺めて、われわれに反省の端緒を与えてくれた。日本人を理解しようとした外国の文人は大勢いたが、ハーンのように、日本人の心に、生活に、可能な限り接近して身をもって理解につとめた外国人は少ないであろう。それだけに、外国にあって日本のことを尋ねられたとき、わたくしは、ときにハーンの文章を引いてお答えすることにしているのである。例えば、『怪談』その他には、多くの伝説口碑が書きしるされているが、この他の文献にも見当たらぬものが多い。ハーンが書いておいてくれなかったら、ついに消え失せてしまったに違いない。

明治人の気質

わたくしの家には母が大切にしていた若干の文書があった。わたくしには縁遠い書類なので、東京大学の史料編纂所に寄付することにしたが、これが「中村家文書」として保存されることになった。所長の桃裕行教授ならびに阿部善雄教授に読んでいただいたところによると、『家譜』『与力日誌《よりき》』『元祖書』『列士録書出扣《ひかえ》』の四文書で、ことに『列士録書出扣』などは、今では松江でも散逸してしまった珍しいものだとのことである。これらの文書は維新前からでも百年余、『元祖書』などは四百年近く大切に保存してきたのであるから、わたくしは先祖の労は多とすべきであると思った。また維新後、文書を散逸させなかった祖父、父、母の敬虔な努力にも深く打たれるのである。この「中村家文書」を解読して阿部善雄教授は、かつて中村家の由緒について一文を草してくださった。要約すると――。

松江藩と中村家との関係は、初代・中村喜右衛門（重義）が家老朝日丹波（重政）に与力として抱えられたのに始まる。朝日丹波は、やがて松平直政の臣となり、その直政が松江城主に封ぜられるにおよんで、丹波もこれに従い、越前時代の旧臣十七名を召抱えることになったが、その十七与力の一人が中村喜右衛門であった。百石で給せられたとある……。

与力は陪臣とはいえ、その地位は必ずしも低いものではなかっただけに、士列に加わる者も少なくなかったようである。中村家の歴代においても、松江藩の武器方・宗門方・筆頭役などを勤めており、特に砲術（「炮術」と記してある）に熱心であるという伝統もあり、七代中村理助（則吉）は士列に取り立てられ隠岐島の警護（隠州島前御備炮術士）に命じられたという。

また、文書の他に中村の家に伝わっていたものとしては、賀茂真淵《かものまぶち》（一六九七〜一七六九）の書と本居宣長の賛をした寿老人の図がある。果たして本物であろうかと思い、戦後間もなく桃裕行教授を煩わして史料編纂所で鑑定していただいたことがある。桃氏のお家は代々松江藩の儒者であり、共通の知人もあるので、話し易く好意に甘えたのであった。これを辻善之助博士（当時史料編纂所長）が鑑定して下さったところが、いずれも真筆であると考えられるとのことであった。この二点は既刊の本居宣長全集、賀茂真淵全集には収録されていないものである。もしも真筆であるならば私蔵しておくよりはと思って、同じく史料編纂所に寄付して、識者の所見を仰ぐことにした。

真淵の書は、彼がある婦人から萩の花をもらって、そのお礼に和歌をしたためたという風流なものである。ある人に話したら、「その相手は粋筋ですよ。地位のある人の夫人だったら、直接に男性と手紙を交わすことはなかったはずだ」といわれた。真淵が国学を講じていたのは、江戸の柳橋である。真淵—柳橋—粋筋と妄想をたくましくすると、何やら小説でも書けそうな気がする。一方、宣長の賛は、「あめにあひて　立まふ鶴の羽風にと　千よ（世）をしらふる　ささ竹の声」とある。なぜ、これが中村の家に伝わったのか、その由来は明らかでない。わたくしの伯父の語るところによると、わたくしの祖父中村秀年（中村家八代）は、その叔父（村上正雄）とともに藩校、修道館で国学を講じていたという。おそらくそういう関係から、国学者の書などが伝わってきたのであろう。

中村秀年は廃藩置県ののち、中央政府から県令（現在の知事）が派遣されるとともに免官となった。ところが、帰農しようと思っていた祖父に、ある日突然、川本（現在の邑智《おおち》郡川本町のあたり）の郡長に任命する旨の辞令がきたのである。おかげで祖父は他の士のように没落しないですんだのであるが、そのときのことをこのように述懐している。

「官吏でも、教員でも、銀行会社の社員でも、今日では就職するに関しては誰かに推挙して貰わねばならぬようである。いわゆる親分なる者を持たぬ人は無いようであるが、僕が川本の郡長になった時には、誰人が推薦してくれたのか、一切わからぬ。そこでついに恩人を知らずにしもうた。時勢の然らしむところとはいえ面白いではないか。しかも推薦してくれた人も大体なら僕がしてやったぞと恩を被せそうなものだが、それも無かった」（秀年の三男、数藤斧三郎追悼文中で松江中学教頭・山本庫次郎氏が記された文章の一部を現代用字に改める）。

わたくしは、祖父のこの述懐を読むたびにいつも心打たれるのである。祖父を郡長に推挙しながら、自らは名乗らなかった仁はだれであったのか。明治のその頃には、旧幕時代からのこういう高潔の士風がなお残存していたのである。

以来、秀年は島根県内の各郡の郡長を歴任し、その勤続年数は二十五年間におよんだ。これは県内では最長記録だと聞くが、島根県第一大区長（今日の松江市長にあたる）にもなり、鳥取県が独立する以前には島根県の鳥取支庁長に任ぜられたこともある。

「バスに乗り遅れたサムライたち」という言葉がある。キリスト教のある大家のいった言葉であるが、その比喩を借りれば、維新後はバスに乗ろうとしても乗れない一群の士族たちがいた。特に旧徳川方の藩の士族たちがそれである。明治以後に現われた反骨の精神をもった思想家の中には、このバスに乗ろうとしても乗れなかった人が少なくない。わたくしの祖父は幸いバスに乗り遅れなかったようであるが、内に気骨の精神を秘めた人ではなかったかと、わたくしは想像している。

母はわたくしを叱るとき、「そんなことをしてはいけない」とはいわなかった。「お前のおじいさまはそんな言い方をなさらなかった」「おじいさまはそんなダラシのない格好はなさらなかった」といった、価値基準を全て亡くなった祖父に置いていた。祖父は明治四十五年四月三日に没した。享年七十二歳。歿後数カ月で生まれたわたくしが、会ったこともない祖父に関心をもつ理由の一つは、母のこういう教育にあるようである。

父母のこと

敗戦後の、いわゆる極東軍事裁判に加わった諸外国からの判事の中に、インドのR・

パール博士がいる。博士の「日本無罪論」は有名であるが、わたくしはそれは歴史に残る論であったと考えている。

そのパール博士に招かれて、インドのカルカッタの豪壮な邸宅に伺ったのは一九五五年であった。その広壮な中庭には博士の家の子どもさんたちが遊んでいた。伺うと、その子たちは外に出ることを禁じられ、遊びは全て邸内で行なうようにしつけられているとのことであった。わたくしはその話を聞いて、ふと、若き日の母の家庭環境に思いをはせた。家の規模はまるで異なるが、娘時代の母も、外に出て近所の子どもと遊ぶことを禁じられていた、という話を聞かされていたからである。母は不平をまじえてその思い出を語ることが、一再ならずあった。

祖父は、旧幕府時代からの生き残りとしては幸運であったが、後を継ぐべき実子が全て夭折するという不運な目にも遇っている。そこで祖父は、親戚中で一番気に入っていた姪である、わたくしの母を養女にしたのである。

中村家を継ぐことになったトモは、殿町の高橋六一、妻トヨ（祖父秀年の妹）の長女として生まれた。明治三十年に全国の公立高女の中で十三番目に開校した、松江市立高

明治40年頃の中村家（前列右から両親、中央が祖父母）

等女学校の第一回の卒業生である。卒業のとき東京の女子高等師範学校から入学の許可がきたが、秀年の養女となったので、養父が「やがて養子を迎えねばならぬから」との理由で東京へ出してくれなかった。しかし首席卒業であったためか、卒業と同時に母校の女学校の助教諭として勤めることになり、結婚後も、大正二年、夫（わたくしの父）の勤務する東京に移住するまで教壇にあった。

中村家を継いだ母には、それなりに苦労はあったようである。あるとき、年頃になったトモに養父が聞いた。「貯金はあるか？」「ございませぬ」。母の答えに養父はけげんな顔をしながら、「ふん、そうか」といったが、それ以上は聞かなかった。

全て察していたらしい。母の実父の高橋六一は若年にして長崎に遊学し、蘭学を修めた人であったが、学問を生かせる場をもたず、維新ののちは印刷業をしていた。文字どおり「士族の商法」であったうえ、子ども五人（男一人女四人）のうち、わたくしの母を除いた四人を東京の学校へ次から次へと送っていたので、生活は苦しかったらしい。貧しいけれども、母の実家には学問を重んずる家風があった。母は教員の収入をほとんどそちらへ回していたし、しかも、そのことを口止めされていたのである。母は、あのときはつらかった、と述懐したが、黙って全てを理解し、しかも口に出さない昔の人々の心に打たれる。

母は十数年にわたって教鞭をとっていたので、教え子も多く、上代たの女史（元日本女子大学学長）もその一人であった。「上代さんは数学など、何度試験をしても、いつも百点ばかりだった」と語っていた。

このように教員を長い間勤めた母であったが、わたくしたちの勉強について、干渉がましくとやかくいうことはなかった。しかし、戸外で遊んではならぬといった文字どおり「箱入り娘」としての家庭教育を受けて育っただけに、おのずから礼儀作法には厳しいところもあった。自らに厳しく、色っぽい話など微塵も口にしなかった。歌舞伎などはおそらく一生見なかったと思う。長女であり、その精神の形成期が、まだ旧幕府時代の遺風の残る明治二十年代であったからでもあろう。母の妹（わたくしにとっては叔母）の代になると、そこら辺はよほど緩んできたようである。

例えば、東京に移った頃、近所の家に「中村の家では、子どもが親に対して、他人に対するような言葉を使う」という評判が立った。確かにそうであったかもしれない。例をあげると、母が外出先から帰ってきたとき、「今日はどこへ行ってきたの？」などと親に対して聞くことはあり得なかった。「今日はどちらにいらっしゃいましたか？」で、当たり前なのである。ラジオも、ニュース以外は聴いてはならない。歌舞音曲のたぐいは耳にすべからざるもの、目にすべからざるもの、もちろん口にすべからざるものと教えられた。これはのちのことであるが、わたくしが結婚したとき、母は妻（洛子）に「言うておくが、二人並んで歩いてはならぬ。三歩下がって左を歩きなさい」と言い渡していた。今の若い人には考えられない作法であるが、妻も母の言葉を素直に受けてくれた。そうした厳しい礼節のあった母であったが、他人に対しては非常に親切であった。自分を無にしても人に何かを与えた。「訪ねてきた人に、箸手をとらさせないで帰すという法はない」といっていた祖父の気風を受けていたのかもしれない。昭和四十二年、八十六歳で亡くなった。

母もそうであるが、父も、子どもたちの勉強や進学に対して干渉することなく、むしろ寛大であった。父は淳朴《じゅんぼく》で、お人好しのところがあった。わたくしの父、中村喜代治は、旧姓を加賀といった。旧幕時代からの姓である。明治十三年の生まれで、香川県財田町の梅ノ塔の出身である。昭和十二年父が亡くなってから、三十五年経った昭和四十七年、わたくしは琴平町から車で三十分ほどかかる亡父の故郷を訪ねたことがある。そこは渓谷の奥深いところで、「桃源郷」という言葉がぴったりの感があったが、土地の人は、落武者の「吹きだまり」だと自称していた。喜代治は丸亀中学を卒業後、第六高等学校に入学したが、家庭の事情から退き、松江の県立農林学校（明治三十三年開設）の助教諭になった。

その間に養子の話が持ち上がったのである。しかし、養子に行くというのは窮屈でもあり、いやだったのであろう。父はなかなか決心がつかず、ようやく養子縁組をし婚姻届を出したのが、明治四十年のことであった。後年、母は、父が早く決心しなかったことを大変くやしがっていた。もうすこし早ければ、父を東京の大学に正式入学させる余裕が中村家にはまだあった、というのである。もはや三十近い年齢に父は達していた。晩学の人を迎えてくれる学校は、東京には余りなかった。そこで母は義兄の数藤斧三郎(一高の数学教授)が、東京の物理学校は年齢も学歴も問わないからと勧めてくれたので、父はそこへ入学し数学を勉強することになった。その間、母は松江で教員を続けていた。

父は卒業後、保険会社で数理統計を担当する特殊技術者、アクチュアリーとなった。東海生命を振出しに八千代生命に移り、さらに最後は日華生命に職を奉じたが、そのかたわら、父は著作を幾つか世に出している。『日本アクチュアリー会八五年史』の中に、「アクチュアリーとして活躍された故人」の一項として、父のこと、著書のことが掲載されている。「大正五年『生命保険数理一般』、大正四年『生命保険数理教程』、大正十五年『生命保険数理の話』等、保険数理に関する多くの著書を残している。これら保険数理の著書は類書の草分けといわれている」とある。この他契約をどうやってとるかと

昭和二年頃の両親と兄弟（後列左端が筆者）

いったことを書いたらしい『生命保険外務要訳』（昭和四年）や、『算術遊戯』（昭和六年）のような本も書いている。

わたくしは、人からよく、「ご両親が数学ができたから、あなたもさぞ数学が得意だったでしょうね」といわれる。とんでもないことである。少なくも、わたくしの父は数学の才があったわけでもなく、むしろ鈍才タイプの人でなかったかとわたくしは思っている。しかし、晩学の身に鞭打って、鈍才でもコツコツと勉強を積み重ねれば、先駆者として著作物を世に出せるようにまでなれる一例として、父の人生は若い方々に、何かの参考になるかもしれない。繰り返すけれども、父は四人の男子の進路についてはきわめて寛容であった。

わたくしが大学でインド哲学という、浮世離れした、先行き出世の見込みがない学科を選んだときも、父は一言の意見も口にしなかった（ついでながら、すぐ下の弟亨は国学院大学を出て長く教員をしていたが、先年病没した。次弟の直は東大獣医科を出て農林省の官吏となったが、のちに獣医を開業。末弟の進は東大経済学部を出て日本銀行に入り、営業局長、理事を経て退き、日本輸出入銀行の副総裁や日本興業銀行顧問をしていたが、現在は日本共同証券財団理事長として、ずっと銀行マンで通してきた）。

才なき身ながら、それなりに「勉め強いた」父の姿は、あるいは、わたくしの心の深層に投影されているかもしれないと思うことがある。仕事にまじめで、非常に後輩の世話をよくする親切な人であった。子どもたちのためには自分を犠牲にする覚悟でいた。

読書の日々

わたくしの母方の実家が、学問を重んずる家風であったことはすでに記したが、わたくし自身は小学校時代はもちろん、中学校時代も、将来学問の世界で生きようなどとは考えてもみなかった。旧制の高等学校に進む頃になって、学者としての人生に志を置くところがあったものの、それさえ明確に意識していたことかどうか定かでない。わたくしには、周囲からのその種の働きかけはなかったし、自らにも、学者になるべき直接的要因がなかったのである。

わたくしは「流れる」ように生きながら、気がついたときは学問——それも特定の分野に自分の進むべき道を見出していた、というのが偽らぬところであろう。しかし、その萌芽はすでに小・中学校の時代にあったのではないか、と分析する人がいるかもしれない。わたくしには、そのような分析はできないが、これに関して思いあたることどもをすこし書きとめておこうと思う。それは、学者の家に生まれたわけでもない一人の男子が、どうして学問の世界にわけ入り、思想を学ぶようになったかを点綴《てんてつ》させるほどの素材ではないであろう。しかし、そこに、まだ進む道を決めないでおられる方々の参考になることがないとも限らないとも思うのである。

大正二年、父の勤めの関係で一家が松江から移住した先は、東京の伯父や叔母の住んでいた、本郷西片町（文京区）であった。そこは静かな雰囲気の住宅地で、東大や一高の教授たちの邸の多い学者町であった。そこの多くの家庭は上品であり、子どもたちはおとなしかった。第一次世界大戦が終熄し、講和会議が開かれた大正八年、わたくしは同地の誠之小学校に入学した（同校は今も西片二丁目十四番地にある）。やがて大正十二年九月一日には関東大震災が起き、小学五年だったわたくしは、一時大阪の小学校に転校したが、翌年の秋には西片町に帰り住み、誠之小学校の同じ山田常治先生の組に復学した。

今と違って、小学校はむしろ戸外で遊びまくるのが健全とされていた時代であったが、

大正八年、誠之小学校の入学記念写真

どういうわけか、その頃の遊びにまつわる記憶ははなはだ乏しい。勉強することはひとりでに身についたようであり、それは西片町の雰囲気と無関係ではなかったであろう。しかし、わたくしとて家に閉じこもっているばかりではなかったはずなのに、とりたてて遊んだという記憶がないのは不思議議である。小学校の勉強では唱歌（現在では音楽の科目）が不得手

であった他は格別書くこともないが、個人的には歴史を好み、その関係の書を多く愛読したことを覚えている。

これを書きながら思いあたったが、わたくしが歴史に幼い関心をいだいたのは、叔母(母の妹)の影響があったかもしれない。叔母、高橋壽恵子《すえこ》は、東京女子高等師範学校(現在のお茶の水女子大学)を卒業し母校の教員となり、国史を教えていた。歴史学者の喜田貞吉先生には早くから昵懇《じっこん》であったようで、彼女が病気のとき、先生がお見舞いに来られたことを覚えている。叔母は同じ西片町に住んでいたので、わが家にはしょっちゅう出入りしていた。父が「もっと化粧をすればいいのにな」といったほどに、見るからに当時の女教師のタイプの女性であったが、母にはない新時代の女性のおもむきも感じられた。学校であったことを聞いてくれるのは、たいていこの叔母で、わたくしは母にいえないようなことも話すことができたのである。そして、叔母はよく歴史に関係した書や絵葉書を与えてくれた。同じ西片町に住まわれていた中山久四郎先生(東京文理科大学教授)から、あるとき、「きみは歴史をよく勉強しているね」というおほめの言葉をいただいたほどに歴史に親しめたのは、叔母の感化もあったのではなかろうか。

関東大震災では、東京は中心部から本郷三丁目まで焼けたが、一家は小石川の植物園に避難し、幸いに火災は免れた。東京はもはや全滅したから回復の望みはない、と思われていた。父の勤めていた会社も、本社を大阪に移した。そこで一家は大阪の天王寺駅の南、阿倍野橋の近くに移り、わたくしは常磐松小学校に通った（現在の阿倍野区松崎町三丁目の常磐小学校）。この学校の周囲はまったくの野原と畑であった。運動場でボール投げをしていてボールが外に出ると、柵の間から出て、その野原へ取りに行く。そんな他愛のない経験も、わたくしには新鮮に感じられた。そこには写生の対象になる情景がたくさんあり、心ゆくまで自然にひたることができた。今の天王寺駅のあたりには、そんな情景はみじんも見られない。

一年間の転校はむだのようであったが、成長期に一年間大阪の空気に触れたことは良かったと思う。「買いなはれ、買いなはれ」の売り声がとびかう市場の光景。買ったお客を持ち上げる、あの「度胸が違う、度胸が違う」といった独特の節回し。さらには、親にいいつけられお使いに行った先で菓子の〝おひねり〟をもらった経験など、思い出の断片は尽きない。住んでいた東京の静かな学者町にはない、庶民的な風情が大阪にはあった。

父の会社が東京に戻り、もとの小学校に復学した翌年（大正十四年）の二月、わたくしは小石川区（現在の文京区）大塚にあった東京高等師範学校付属中学（現・筑波大学付属高校）の入学試験を受けて入学を許可された。しかし、わたくしの生涯に大きな影響を与えた、と今にして思われる事件が起きた。入学後間もなく腎臓を患い、一日も登校しないまま自宅で病床に臥《ふ》さなければならなくなったのである。

わたくしは亡くなった父母に対してはなはだすまなかったと思うことがいろいろあるが、その一つは、このとき両親に非常な心配をかけたことであった。東大の医者にかかったが、病気はいっこうに恢復《かいふく》の兆しをみせない。八方手を尽くした結果、ついにもみ療法で治す不思議な

大正十四年、東京高等師範学校付属中学校に入学の頃

医者の所に通うことになった。その医者は牛込に住んでいた。体を動かしてはならないというので、当時は一般に普及していなかった自動車で往復しなければならない。まさに重役なみのあつかいであり、親の出費もひととおりのものではなかったであろう。それを思うと今でも亡父母に頭を垂れるしだいである。しかし、闘病一年にしてようやく快癒したのは、もみ療法のおかげか、それとも、かかっていた東大の医者がいったように「ちょうど治る時期がきていた」のか、今もってわからない。

わたくしはその一年間、なかば絶望的な毎日を送った。こんな身体ではこの世の中でろくな活動はできない、などといろいろ考えてくると、世の中のことを、ある一定の距離を置いて見つめる傾向が生まれてくるのも自然のなりゆきであった。一年遅れて登校することになったものの、哲学書や宗教書のたぐいを好んで読みあさるようになった、これが一つのきっかけであったと思う。

きっかけは他にもあった。体操や運動ができなかったことで、自然に読書のほうに関心が向いたのである。成長期の一年の差は大きい。わたくしは身体だけは他の級友より大きいくせに、スポーツができない、まったく変な存在であった。スポーツはしないのみならず、興味をもつこともできなかった。他の中学校との対抗試合なども、おつき合い程度の義理で応援に出かけたが、てんでおもしろくなかった。

それにしても、一番困ったのは体操である。第五学年になると、大きなバック（跳び台）をいやでも跳ばされる。わたくしは体が弱いうえに足もすこし悪いところがあったので、とてもやりおおせる自信がなかた。けがをしないですむ道は、もちろん一つしかない。逃げ出す一手である。わたくしは受験用の講義録などを取り寄せ、ひそかに受験準備を進めて、昭和五年三月に第一高等学校文科乙類の試験を受けて合格した。第四学年終了の入学ということで、跳び台から合法的に逃げ出すことができたのは幸いであった。

話は前後するが、中学時代わたくしが興味をもったのは、当然、体を動かさないですむ読書であった。しかもそれは、既述したように、哲学書や宗教書であった。歴史に関係する書ならばまだしも問題はないが、一体に書物を読むことが好ましくないとされていた当時の風潮の中では、こうした傾向の書を読む学生は「危険人物」のように見られた。

中学校では生徒は必ずどこかの部に入らなければならない決まりがあったので、わたくしは仕方なしに学芸部に入った。しかしこれは、結果的に幸いしたのである。学芸部の部屋には硬い本がいくらでも並んでいる。そして、そこで読書している限りは、周囲から色眼鏡で見られないですむからである。それをよいことに、わたくしは手当たりしだいに哲学や宗教の本を読みふけることができた。

この読書傾向は一高に入っても変わることがなかったので、中学時代に読んだものと一高時代に読んだものとが、記憶の中で渾然としていて区別がつかない。哲学の関係では北一輝の弟、北昤吉（一八八五〜一九六二）や、野にあって文筆活動に終始した哲学者、土田杏村（一八九一〜一九三四）などの著作が印象に残っているが、それを読んだのは中学時代のことであったろうか。

北昤吉の書では、例えば、第一次世界大戦後欧米を回り有名な哲人に会った、その会見記をまとめた『哲学行脚』（大正十五年）が印象深い。この種の会見記はこの本が唯一無二のものであろう、と今でも思っている。訳書としてはヘフディングの『近世哲学史』二巻（大正七年）に非常に感銘を受けた。この本は改訂本も普通の哲学の研究室にはないが、わたくしの手元には今もその初版本が残っていて、中にさまざまに線引きがされている。とにかく紙がすり切れるほどに愛読した書であった。ドイツ人の書いた哲学史はヘーゲル（一七七〇～一八三一）などの影響を受けて、多かれ少なかれ観念論的であるのに対して、デンマーク人であるヘフディングは、ドイツ哲学ないし大陸の哲学と英米の哲学とを公平に扱っている。また文明批評的なところがあった。これを意識して取り上げた北昤吉の識見は、当時としては新しいものであった。しかしまたドイツのヴィンデルバントの哲学史からも強い刺戟を受けた。哲学史とはこういうものでなければならぬと思った。

北昤吉のことは哲学関係の伝記事典にも見当たらないようであるが、土田杏村になると、この人のことはどの辞典にも出ている。ことに河上肇とのマルクス主義論争が有名だからでもあろう。しかし、杏村は、文筆一本で読者に支えられて研究を続けた、反骨精神に富んだ独創的な思想家、哲学者であったといえる。わたくしが今でも注目すべき書だと思っているものに、現象学の立場から「象徴」の意義を考察した『象徴の哲学』（大正八年）がある。北昤吉、土田杏村ともに新潟県佐渡の出身であり、また、その学問は哲学の本流だったとはいえないであろう。しかし、それにも関わらず勇敢にものを書き行動したところに、わたくしは打たれるのである。二人のことは、わたくしの『比較思想の先駆者たち』（昭和五十七年）にすこし触れておいたので、興味のある方はご一読願えたらと思う。

哲学ではこの他、ショーペンハウアー（一七八八〜一八六〇）やエマソン（一八〇三〜一八八二）などの著書を読んだ。ショーペンハウアーは、近代西洋の思想家のうちでインド哲学の影響を強く受けた最初の人であり、エマソンは、アメリカの哲学者で東洋思想を移入した最初の人である。こうしてみると、欧米の哲学でも東洋的なものに魅かれる傾向が、その頃からわたくしにあったようである。

宗教に関係した書としては、親鸞《しんらん》（浄土真宗の開祖。一一七三〜一二六二）、道元《どうげん》（曹洞宗の開祖。一二〇〇〜一二五三）など、いわゆる「祖師」たちの伝記および著作や入門書、解説書のたぐいを多く読んだ。和辻哲郎先生の「沙門道元」という論文を、中学のとき原房孝先生が引用紹介されたのは強い印象を残した。

小説も宗教に関わるものを読む傾向があり、村上浪六の『日蓮』、倉田百三の『出家とその弟子』を読んだのもその頃であろう。中里介山の有名な『大菩薩峠』は、いわゆる剣豪小説と思われがちであるが、介山自身が何かで「これは大乗小説である」と明言しているように、その裏には仏教的世界がある。なにしろ世界一長い小説であり、読むのにはいささか根気を必要としたが、その世界に魅かれ読破したものである。ついでながら、わたくしは今日も、普通の小説作品にはあまり関心がない。通読する時間をさくゆとりがないのも、理由の一つである。しかし哲学や宗教に通じる小説は、つとめてこれを読むように心がけている。

歴史を見る目

東京高等師範学校付属中学に在学した四年間は、このようなわけで、周囲から「危険な変人」と見られていたが、これは致し方ないことであろう。しかし級友たちとは、在学中も卒業後も何とか連絡をとりつつ互いに友好を温めてきた。年をとるとともにますますなつかしくなり、近年は、しばしばクラス会が開かれるようになった。

先生方は、さすがに高等師範学校卒業生から選り抜きの方々であったので、中学生にとってはまったくもったいないほどであった。元来、この中学は受験校というより「実験校」としての性格が強く、教育の上でさまざまな新しい試みがなされたし、講義も全体に水準の高いものであった。先生方に教えられたこと、示唆を受けたことは枚挙するにいとまがないほどであるが、ここでは、たった一つのことに触れておこう。

……特に歴史の面では「世界史」を標榜《ひょうぼう》する書が、すでに三十年前に中学校の教科書としてさえ出版されている。世界史という扱いかたは、今日ではもはや一般化して常識となっている。ところが思想の面ではいまだにこういう試みが日本では絶無に近いのはどうしたことであろうか。

これは、わたくしが海外の比較思想の研究を紹介した『比較思想論』（昭和三十五年）の中の一節である。ここに出てくる「中学校」とは、わたくしの通った中学校のことであり「教科書」とは、斎籐斐章・中川一男共著の『世界史』という名の教科書である。

わたくしは、この教科書の著書のお一人である中川一男先生に、歴史を教えられた。

中川先生のあとで歴史を教えてくださったのは木代修一先生であった。木代先生は当時のわたくしたちにはもったいないほどの高い講義をされた。いわば、学界の最新の成果を教えられたという気がする。生徒のうちには講義が難しくなるといたずらをしたり、横を向いてろくすっぽ聴かない者もいたが、木代先生はてんで無頓着に講義を進められた。学問に専念している人の姿というものを身近に示されたという思いである。

それはともかく、世界の歴史を一つの単位として教えることは、六十年前の当時としてはまったく斬新《ざんしん》な試みであった。歴史は、一般に西洋史、東洋史、国史（日本史）というふうに区別して教えられるのが、どの学校においても通例であった。この教科書を使った講義には、例えば東洋史にしても、中国の宋代以後は世界史の流れのうちの一環としてくみ込まれていたのである。こういう見方は、「受験準備」には向かなかったであろうが、わたくしは中川・木代の両先生に、時勢に一歩先立った「歴史を見る目」を教えられたと思う。「世界史」という扱いは今日は高等学校では常識となっているが、大学では依然としてこれがなされていない。思想史の領域においても同様である。専門的な区々たる問題については深い論究がなされているが、人間として最も大切な総合的思想史は、十分な自覚をもって考えられてはいないのである。

『比較思想史』から引いた文章の前後には、わたくしのそういう不満が込められているが、わたくし自身、後年『世界思想史』七巻（一九七四〜七七）をまとめたのも、その動機はここにあった。『世界思想史』については後に触れることになろうが、これを刊行するに当たって、周囲から批判めいた意見も耳にした。ひと言でいえば、「無暴」だというのである。一つの思想あるいは思想家の研究に打ち込むだけでも大変なことなのに、他の思想潮流にまで論及することは、一生かけてもできるはずがない、と決めつける人もいた。

しかしわたくしは、誰が何と言おうともこれを断行した。その決断の背景から、中学時代の恩師中川・木代の両先生の感化を見逃すことはできない。「世界史」が存在するならば「世界思想史」もあってしかるべきではないか、という信念を植えつけてくださったことは、わたくしのこの無暴な研究の、いかに励みとなったことか。

後に一高に入って学恩を受けた亀井高孝先生は、わたくしのこの中学時代の歴史の先生方の名を聞かれたとき、「おや、きみは僕よりも偉い先生たちに教えられたね」と笑っていわれた。それは亀井先生が傑出した歴史家であったからこそ、こんな言葉が気楽に口をついて出てきたのであろう。わたくしの学問の骨格、学問に対する姿勢は、この一高時代にほぼ形成されたと自分では思っている。その時代に良き師に巡り会い、導きを受けなかったとしたら、わたくしの今日はなかったであろう。そこで、時間的順序を追うことになるが、次にその時代に学問の上で教えられたことを書いてみようと思う。

学問の独創性

「ただ誹られるのみの人は、過去にもいなかったし、未来にもいないであろう。現在にもいない。またただ褒められるのみの人も、過去にもいなかったし、未来にもいないであろう。現在にもいない」『ダンマパダ』より

真の友人とは

真の友情とはどういう友情であるか。それについての古今東西の箴言《しんげん》を集めると、その数は膨大な量になるに違いない。友ありてこそ人生がある、という考えが、古今を問わず東西を問わず、普遍的に肯定されるからであろう。

わたくしは真の友情というものについて考えるとき、いつも、『シンガーラへの教え』に書かれている言葉を思い起こす。これは釈尊（ゴータマ・ブッダ）がシンガーラとい

う、ある資産家の子に、人間としての道を教えた内容を述べたものである。この経典は短いものであるが、南方アジア地域の仏教（南方仏教）では、世俗人のために実生活の指針を述べたものとして、非常に重んじられている。その中に、こんなことが書かれている。

「飲み友だちという者がいる。彼は『きみよ、きみよ』と呼びかけ、『きみの親友だ』と自称する。しかし、真の友とは、ことが生じた時に味方となってくれる人である」

世の中には、見せかけだけの友人というものがいる。『シンガーラへの教え』は、この種の友人について、四つの項目を立てている。何でも取ってゆく友、言葉だけの友、甘言を語る友、遊蕩《ゆうとう》の仲間の四項目である。これに対して「真の友人」とは何か。仏教では、真の友情をマイトリーと呼び、漢訳の仏典では〝慈〟と訳しているが、その〝慈〟をそなえた友人とは何であろうか。それは、助けてくれる友、苦しいときにも楽しいときにも友である友、ためを思って話してくれる友、同情してくれる友の四つであるという。

わたくしは、若いときから酒や煙草の楽しみを知らず、食べるほうでも、別に自然食主義者ではないが、肉類、生魚のたぐいは好みではなかった。人が趣味と呼ぶものも持ち合わせなかったし、老境に至っては、ただ、娘や孫たちのいる家に行き、そこで心おきなく居眠りすることが唯一の趣味らしい趣味にすぎない、という無粋者である。このような野暮天には、たとえ望んでも、飲み友だち、遊び友だちと呼ぶべき友人のできるはずがなかったが、わたくしは別段、それを淋しいとも思わなかった。生涯をとおして、「真の友人」と呼べる人々に、多く恵まれてきたからである。

友人たちは、まさに『シンガーラへの教え』にあるように、「ことが生じた時に味方となってくれる」人々であった。その事例をあげれば、ほとんど際限がない。例えば、昭和五十年に発行された『佛教語大辞典』は、着手してから三十余年、途中、出版社の事情で原稿が紛失し、新たに再開してからでも八年を費やした。編集事業には当然膨大な資金を要した。わたくし個人も若干の資金を出したが、財界に顔の広い一高時代の友人中村敏夫君（第一生命顧問弁護士）に募金を依頼したところ、その友人は結果的に、自ら多額の私財を提供してくれた。この『佛教語大辞典』の編纂グループは、仮に「東方研究会」と称していたが、それを財団法人にするとき（昭和四十五年）も、その事業として東方学院を開講するときも、いつも真っ先に奔走してくれたのは、友人たちであった。そして、一連の事業を後援、支援していただいた全国の共鳴者、篤志家のことは、いちいち記しきれないし、わたくしの深い感謝の念は、筆に表わし尽くせないものがある。

わたくしは第一高等学校時代にも、そういう友人たちに巡り会えたことを、わたくしの終生かわらぬ至宝のように、今も心に受けとめている。

一高の文科乙類に入学したのは満州事変が起きる前年の、昭和五年四月であった。わたくしは文乙でドイツ語のコースを選んだが、それは当時の日本の哲学界がすっかりドイツ哲学の影響下にあり、学問をやるならドイツといった風潮が強かったからである。入学者の総数は一年の日数と同じ三百六十五名で、わたくしのクラスは三十六名であった。当時の一高には独自の風格を備えた先生が多かった。哲学の岩元禎先生はその最たるものであったろう。独身で酒屋の二階に住まわれていて、朝から一杯飲んでおられ、毅然として世を見下ろすという風であった。夏目漱石の小説『三四郎』（明治四十一年、朝日新聞連載）に出てくる「偉大なる暗闇」の広田先生は、岩元先生がモデルであったという。それだけに、先生の言行にまつわるさまざまな伝説が、わたくしたちにも伝えられていた。

学生が訪ねて行くと、気に入った学生なら「さあ上がれ」であるが、気に入らない学生だと、「岩元は留守じゃ。帰れ！」と、ご本人が面と向かっていわれたという話。また、先生の棒給は階下の酒屋の主人が受け取りに行っていたという話。あるいは、「わたくしは本を読むのがおもしろうて、本を書く暇がない」とか、「上はプラトンより下は岩元に至るまで、その間にたまたまカント、ヘーゲルの介在するにあり」と、その哲学の講義において説かれる風があったという伝説。これらの中にはまったくの伝説もあり、やや尾鰭《おひれ》のついたものもあり、事実に近いものも含まれていたであろう。まあ、それにしても万事につけて、世俗を超越された風貌の先生であった。

たまたま、わたくしたちが聴講する年には、岩元哲学が崩壊したので再建されるとかで、ドイッセン（一八四五〜一九一九）の『形而上学綱要』を翻訳しながら講義しておられた。その講義中は、ノートに筆記すると怒られるのである。先生の弁は「わしのいったことが覚えられんようなら、学校やめて丁稚《でっち》に行け！」といわれるのである。仕方がない。生徒たちとしては何とか手段を考えなければならず、そのお鉢がわたくしに回ってきた。わたくしは席が後方にあったので、机の上に本を山積みし、その陰に隠れて逐一先生の講義を筆記する。でき上がった講義録はクラス全員の共有財産で、みんなに次から次へと巡り巡る。それはよいとしても、わたくしの手元に戻って来るのは、試験当日の朝である。これには弱ったが、わたくしはやむをえず、ドイツ語の大講座六巻などを求めて単語を暗記することにした。苦しい勉強であったが、単語さえ覚えておけば、どんな文章も解読できると踏んだのである。

また、岩元先生は点のきついことでも有名であった。わたくしは第一学期の哲学の試験に落第点をもらった。「中村君、三十点!」と真っ先に発表されたのを覚えている。多分、先生流の訳語を使わず

昭和五年、第一高等学校に入学の頃

に書いたのがいけないのだろうと思い、恐る恐る先生に伺ってみると、そのご神託にいわく、「お前たち小僧が、生意気に自分の言葉で書くな！わしのいったとおりに書きなんせ」。しかし先生の訳語は独自のもので、一般学界には通用しない。わたくしは覚える気にならなかったので、後日また恐る恐る伺いを立てた。「先生！　答案をドイツ語で書いてもよろしゅうございますか？」。ご神託にいわく、「それは構わん」。そこで、第二学期からは答案をドイツ語で書いて、どうにか落第点を消すことができたのである。

しかし、わたくしの苦労はそれだけでは終わらなかった。卒業の際の試験前に級友たちが結束して、「ヤマを当てろ」と強要してきた。一、二学期ともにヤマを的中させたからであろうが、わたくしは、最後の学期には三カ所ヤマの見当をつけて提示した。しかし級友たちは、「そんな、三カ所も覚えるなんて、かなわない。その三つのヤマに順位をつけろ。われわれは第一順位のところだけ暗記して、どんな問題が出ても、みなが一斉に同じ内容の答案を書こうではないか」という。わたくしは死ぬ思いで苦労して何とか順位をつけた。試験の当日、見事にわたくしが第一順位と提示したところが問題に出たのである。級友たちはその瞬間、喚声を上げた。わたくしは、まるで那須与一が扇の要を射たような気持ちであった。

こういう挿話からも知れるように、一体に、旧制の高等学校には真面目に勉強する学生は稀であった。しかしみんなは、それぞれの関心にしたがい、学校の勉強にはつながらない読書に励むという風で、そこには自由の気が横溢《おういつ》していた。その頃の友人相互の連絡は緊密であり、今では家庭的なつき合いにまで発展している。

学問の師について

ところで、前述した『シンガーラへの教え』には、師が弟子を愛する五つの仕方というものが説かれている。

①善く訓育し指導する
②善く習得したことを受持させる（忘れないようにさせる）
③全ての学芸の知識を説明する
④友人朋輩の間に、彼のことを吹聴する（「これはわれわれの弟子であるが、傑出していて、学識深く、私にも等しい。このように見なしてください」といって、彼の

ことを友人朋輩に吹聴する）

⑤諸方において庇護してやる

師はこのような徳を身に備えたいものである、といってしまえば、当たり前に聞こえるが、師もまた人間である限り、これを実行するのはそう簡単ではない。それはわたくし自身の体験に照らしても思い知らされることである。しかし、わたくしを導いてくださった師の多くは、このような徳を備えた方々であった。一高在学中に諸先生からいろいろと影響を受けたが、わたくしの学問の骨格をつくってくださったのは須藤新吉先生と亀井高孝先生であった。

一高に入学した当初、わたくしは寮の同室の先輩から、「須藤先生はな、そのご本が辞典や参考書にまで名が出ておられるほどの大学者なんじゃ」と聞かされたが、まさにそのとおりの方であった。先生は心理学、論理学などを教えられていた。とりわけ、現代心理学の開拓者の一人であり、実験心理学の祖とされるドイツのヴィルヘルム・ヴント（一八三二〜一九二〇）の膨大な著作を全て読了して、『ヴントの心理学』（大正四年）を著された。これは、やはり先生の『論理学綱要』とともに、名著として数多くの版を重ねていた。

先生の著作は全て論述が明快であり、一点のけれん味もなく、そうして全体が立派な体系をなしている。まさに人柄そのとおりであった。わけのわからぬことを晦渋《かいじゅう》に表現するのが「哲学」だと思われているようなわが国の学界で、先生は実に屹立《きつりつ》しておられた。そのお人柄は温厚で、心温かく、情深く、「和顔愛護《わげんあいご》」という語がそのまま当てはまる方であった。あるいは育たれた越後の風土、さらにはご生家の浄土真宗の感化を無言のうちに受けておられたのかもしれない。

物腰ていねいな方で、わたくしたち生徒に会うと、先生のほうから挨拶されるのが常であった。授業をさぼる学生たちに対しても、叱られたり怒られたりされたことが一度もない。それでいて先生の言葉をお聞きしていると、思わず知らず研学したいという情熱に駆り立てられるは、多分わたくし一人ではなかったであろう。学生に対してはどこまでも親切であられたから、お宅には来訪者が絶えなかった。ある日、級友二人とわたくしの三人にお宅でご馳走してくださるとのことで伺ったところ、先生は、「ちょっといい事があったものですから」といわれる。どんないい事があったのだろうと思っていると、「実は田舎の土地が売れたので」とおっしゃるのである。わたくしは、大事な土地が売れたお金でご馳走になるのが悪く、のどを通らぬ思いをしながら御厚意を頂いたことを覚えている。

その先生も、昭和三十六年十二月二十一日に亡くなられた。ご自宅で行なわれたご葬儀はしめやかな、温かな、人々の追慕の心にみちたものであった。先生を師として表に出すことは僭越なようにも思われるが、しかし最後まで先生の知遇にあずかったことを考えれば、許されてもよいであろう。わたくしは先生から、学問は万人に納得されうるものでなければならないこと、そのためには論述がわかりやすく明快に筋道が立っていなければならないこと。ひと言でいえば、学問の根本は論理であることを教示された。この事がわたくしの研究ないし活動にどれほど強い影響を与えたか、計り知れないものがある。

それは学問に対する姿勢について受けた教示であるが、先生の学問はわたくしの研究対象そのものへの影響を及ぼしたのである。わたくしが戦後間もない頃、民族による思惟方法の相違の問題に深く心をとらわれ、『東洋人の思惟方法』としてこれをまとめたのは、須藤先生のヴントの『民族心理学』全十巻についの研究による暗示があったのかもしれない。さらに、わたくしが現在進めつつあり、今後も続けて何とか果たしたいと思っている研究の上で、先生の影響はますます大きなものになることは疑う余地がないのである。

須藤先生は論理学の講義で、仏教の論理学、つまり因明《いんみょう》に言及されたこともある。後年になって『論理学綱要』の改版を出されるときに（昭和二十四年七月）、因明の部分の執筆を仰せつかったのは、わたくしにとって至上の喜びであった。しかし、西洋の論理学と因明とは、わたくし一個人の中でまだ充分に総合されていないので、いつかやり遂げたいと思っていることである。これについてはこの本のどこかで触れようと思うが、今その前方に、高く聳えて手を向けて招いてくださっているのが、須藤先生のように思われるのである。先生は今後のわたくしの導き手であり、闇夜の灯明のような方である。

もう一人の恩師亀井高孝先生との出会いは、一高に入学した年の春であった。一高に「史談会」という歴史の同好会があり、わたくしは入学早々の好奇心から、会の遠足について行った。たまたま調布の大国魂神社の社務所で休憩して昼食をとることになったが、わたくしは弁当をもっていなかった。遠足に出かけた先で弁当を買えばよい、と高をくくっていたからである。ところが先生はわたくしのことに気がつかれて、持参のパンを半分わけてくださった。わたくしは恐縮したが、それが先生とのお近づきの発端となった。

亀井先生の立場をひと言でいえば、「歴史学者」ということになるであろうが、その学問は「歴史学」というような学界の平板な分類を超えたものであった。一高では西洋史または地理を教えておられたが、その学問的教養は、むしろ「東西交渉史」とでもいうべき性格が顕著だったのではなかろうか。東西の文化交流に関する研究は近年非常に盛んになったものの、その多くは、いずれかの専門分野の研究者がたまたま他の領域と関係ある部分に注意して、それとの交渉・連絡を論究するという程度にとどまっている。しかし、亀井先生は最初から、世界地図を頭に置きながら、研究を進められた方ではなかったかと思う。

西洋、特にドイツの大学では、学問のセクショナリズム打破のため、諸分野の間の連絡に苦しんでいると、先生がたびたび話されたことがある。私事にわたるが、『東洋人の思惟方法』が出たとき学界での毀誉褒貶《きよほうへん》が激しかったようであり、たまたまある博士が、「この書が専門外のことに触れているがよくない」というようなことをいわれた。わたくしはある日、先生にこのことを申し上げたところ、先生は言下に、「へえ、××がそんなことをいっているのかい。それは彼が間違っているよ」といわれた。世界史という視座に立って物を考えておられた先生には、このような評がおかしく響いたらしい。

わたくしの仕事は先生のなさったこととはかなり離れていたが、もしも、わたくしの研究に従来の研究とは異なった新しいものがあったとしたら、それは亀井先生に負うところが大きいのである。わたくしが後年『世界思想史』をまとめるにあたって、中学時代の中川一男、木代修一両先生の感化があったことは既述した。その仕事は同時に、亀井先生の広い視野に立った学風と学問への熱情をわたくしが感受していなかったなら、とうてい完成しなかったであろうと思うのである。わたくしは、これを含めて思想史に関するものばかりを書き、純粋の歴史については書かなかった。ただ『インド古代史』

上下二巻は、「歴史」と称するにはあまりにも杜撰《ずさん》なものであるが、資料から築き上げたささやかな積木細工として、亀井先生の多年のご指導、ご厚情にこたえた喜びを感じたものである。その旨を序文のうちに記しておいた。

こういう個々の研究に関することはともかく、先生の一生を貫いた求学の精神は、わたくしに強い感化を与え、また支えとなったのである。亀井先生には『西洋史叢説』（昭和二十三年）、『西洋史概要』上下二巻（昭和二十六年）、『概説西洋史』（昭和二十三年、林健太郎氏と共著）などの本格的著作もあるが、『西洋史夜話』（昭和二十五年頃）のような、一般向けの興味深い著書もある。特に、十八世紀末にロシアに漂流した大黒屋光太夫に関する研究は、先生終生のテーマの一つであった。これについては『北槎聞略』（昭和四十年）を主な資料とし、東西の諸資料を渉猟して、『大黒屋光太夫』（昭和三十九年）をまとめられ、あわせて『光太夫の悲恋』（昭和四十二年）という書をものにされた。研究の完成のため昭和四十年に八十余歳にしてモスクワへ旅されたのは、いかにも先生らしい。先生は終生にわたって学問の好きな方、学問を楽しまれた方であった。

亀井先生の思い出は限りがないが、ここでは、今もわたくしの耳朶《みみたぶ》に強く残っているお言葉だけを記しておこう。大学を卒業し大学院に入った年だから、もう五十年ほど前のことになる。そのとき亀井先生のお宅にご挨拶に伺ったところ、先生は学問をする者の心がけとして、こういわれた。

「学者はね、〝独創〟ということが、いちばん大切だ」

さらに付け加えて言われた。「君は、あんまり勉強ばかりしないで、文芸だの、美術だの、他の方面のことにも心にかけ、時にはぼやっとしていることも必要だよ。そうするといい考えが浮かんでくる。和辻がその良い例だね」

わたくしは「独創性」云々というこの教示の意味を、当時は十分に理解することができなかったように思う。ところが、何気なくお聞きしていたこの言葉が、年とともに重みをもって、わたくしにのしかかってくるのである。昔から伝えられたものを、ただ後生大事に受け継いでいくだけならば、別に変化も独創もないわけである。しかし、文明が急激に発展し変化すると、価値評価の基準も、また考究の視角も当然変わってくる。変わらなかったならば、それは死んだ学問である。

これは特に思想に関する学問、狭くいえば哲学において、考え直さなければならない問題であると思う。いうまでもなく、日本では非常に古い時代から、アジア大陸の、ことにシナ（この本では、漢民族の文化を指すときはシナという言葉を用い、地理的、政治的意味のときには中国といい表わすことにする）の思想が入ってきたし、そのシナを介して、インドの思想も渡来した。そして、明治維新の前後からは欧米の思想がじかに入ってくるようになり、日本の思想史の上に大きな影響を及ぼした。わが国では、この明治以後に発達した学問がきわめて優秀であるとされる傾向があり、確かに、人文科学だけでも学者の数は多く、刊行物の数も西洋の国々に負けないであろう。しかし、そこにほとんど一貫して流れる姿勢が、すでに古代にも見られた、新しく渡来した思想を咀《そ》嚼《しゃく》し消化する、といったものであったことに注意しておきたい。

哲学あるいは哲学的諸学問の名で公表されるものは、過去の優れた思想文献の紹介、羅列、もしくは、その内容を人々に伝えるだけに終始してきたとさえ思われる。学者という存在は、そこではただ、原典の中身を忠実に伝える鸚鵡《おうむ》のような存在でしかない。例えば、西洋の一人の哲学者の学問に、生涯打ち込んで研究する学者がいるとする。それは聞こえのよいことかもしれないが、見方を変えれば、彼はその仰いでいる哲学者の精神的奴隷になっているだけにすぎない。そこには独創のかけらも見られないのである。自己の独創になる哲学、自己の言葉で語る哲学、人生観・世界観に関わる哲学が、どうして立てられないであろう。原因の一つは、これまでたびたび述べた、日本にしか見られない学問の区々たるセクショナリズムにあると考える。思想ないし哲学は、さまざまな学問が関与してこそ独創的なものになる。学問の細分化は、この方向に立ちはだかる障壁《しょうへき》以外の何ものでもない。

もう一つ考えられる原因は、このセクショナリズムと表裏一体をなす権威主義である。これが外来思想の輸入と結びついたのは、おそらく日本のみの特徴ではないか。世には何々思想史、何々哲学史とかいわれる大著が、数多く出されている。そういう著作の目次なり章節の立て方を見ると、学派や思想家の固有名詞ばかり出てくるという印象が強い。かくいうわたくしも、そのような書を著したことがあるが、固有名詞は決して思想あるいは思想的観念そのものを示すものではないという、考えてみれば至極当たり前のことを、わたくしたちは心に銘記しておく必要がある。思想について論じる場合に、何が大切な問題となるか。「だれが語った」かということではなく、「何を語った」かということである。

例えば、「うそをつくことは悪いことである」ということが、何かの経典あるいは偉人によって説かれている場合、人はその経典もしくは偉人の名を引用したがる。ところが、市井のある凡人がまったく同じことをいったとしたら、人は彼の名を引くことはないであろう。発言された内容は発言者個人を超越して意義のあるものであるはずなのに、この扱いの違いは何によるか。それは畢竟、権威至上主義に遠因を求めることができるであろう。そしてこの権威主義が、ひいては独創的な学問の出現を圧迫する恐れがあるといえるし、事実、日本ではその顕著な例を数多く認めることができるのである。

独創のさまたげとなっているもの、独創性を蝕むものは、他にも幾つかあろう。しかし文明の発展と変化にともない、価値評価の基準や視点が変化するとすれば、特に意識しなくても、その中で努力を続けている限り、おのずから独創への道が開けてくるだろうとも思うのである。

わたくしは五十年前、亀井高孝先生が「学問は独創的でなければならぬ」といわれた言葉を、改めて思い起こしている。世間を見ると独創的でない研究があまりにも多く、わたくし自身もどれだけ独創的であり得たか疑わしいからである。しかし、その視野が亀井先生に遠く及ばぬことを語っても仕方がない。努力が足りなかったと悔いても始まらない。わたくしは、自分なりに勉め強いて進むほかないと思っている。

仏教との出会い

漠然と哲学的な思索探求を進めるというのが、一高時代のわたくしの傾向であったが、西洋の哲学思想には何かしら冷たいものが感ぜられ、全身を打ち込む気にならなかった。鋭い論理は展開されているが、心の安らぎを与えてくれない。心の不安や煩悶を除いてくれるとは思われなかった。わたくしは、奥深いとともに温かさを感じさせるインドから仏教の哲学思想に魅きつけられた。大学でインド哲学を志願するに至ったのは、ひと言でいえばそのためであるが、その背景に、以上述べた恩師のほかに他の師との出会いがあったことを抜かすわけにはいかない。それを記す前に、仏教とそれまでのわたくしとの関わりに、すこし触れておく必要を覚える。

わたくしが生まれた松江は、何といっても出雲大社を中心として神道の伝統が強かった。もちろん仏教の信仰がないがしろにされていたわけではないが、松江藩士たちの宗旨の多くは浄土宗か禅宗であった。そのため、松江には浄土真宗の寺院がきわめて少ない。そういう中にあって、中村家も、わたくしの母の実家の高橋家も浄土真宗であり、その墓も浄土真宗の真光寺という寺にある。わたくしは長い間その由来がわからなかった。

浄土真宗の信徒を列伝体で記した『妙《みょう》好人伝《こうにんでん》』という書がある。「妙好人」とは、もとは念仏行者をほめていう語であった。この書は西本願寺派の石見国・浄泉寺の仰誓（一七二一〜九四）によって編集されたが、美濃国専精寺の僧純（一七九一〜一八七二）が続編とともに天保十三

昭和六十一年、墓参のため松江に帰郷した著者夫婦

年（一八四二）に刊行したものである。わたくしはあるとき、この書を繙きながら、中村の家がなぜ浄土真宗を信奉していたか、初めて事情を知ることができた。『妙好人伝』に登場する信徒は庶民ばかりであるが、唯一の例外として、出雲の「神谷備後」という家老の名が出てくる。その頃を読むと、大体次のようなことが書かれている。

神谷家の先祖・神谷源五郎の母は、つとに阿弥陀《あみだ》に帰依していたので、源五郎も若年の頃から念仏信仰に篤《あつ》かった。源五郎は主の松平直政にしたがって大阪の陣に出陣したが、陣中で砲撃された。ところが、砲弾が胸板にあたったのにすこしも傷つかなかったので、彼は奇異なことと思い、陣屋に帰ると、不思議なことにご本尊の阿弥陀の画像の胸から血が流れている。

「こは勿体《もつたい》なや、我を助《たすけ》んために御身代《おみがわり》に立たまふや」。感伏した源五郎は、それからますます、念仏の信仰を篤くした……。

中村家は、代々家老を務めたこの神谷氏の配下であった。中村の家の宗旨が、浄土真宗であったことの説明がこれでついた。わたくしの祖父中村秀年は、氏神田原神社の氏子総代であったが、このようなわけで菩提寺真光寺の檀家総代を兼ねていた。そして祖父は、神谷家の先代の命日にお参りするために訪問し、その仏壇の前で倒れたという。

浄土真宗とのこういう縁があって、母ばかりでなく叔母（母の妹）たちも、同宗の法話に深い関心をもっていた。叔母の高橋鉄子も壽恵子も、仏教とは無縁な当時の高等教育を受けた女性であったが、その頃東京大学の正門前の森川町にあった近角常観師の求道学舎に、よく法話を聴きに行っていた。大正の初年のことで、その頃の近角常観師は、はつらつとした意気天をつくものがあったらしい。わたくしは師の風格を叔母たちの口からたびたび伝え聞いたものである。

わたくしはこのように、仏教、特に浄土真宗の近親から直接間接の影響は受けていた。しかし公的な教育を受ける過程において、仏教を説かれることはなかったのである。わたくしが大学でインド哲学に入る前に、公教育の場で仏教教理の講義を聞いた唯一の機会は、皮肉なことに一人のドイツ人教師からであった。名をブルーノー・ペツォルドという、一高在学中にドイツ語を教わった先生である。

ペツォルド先生は、一八七三年にドイツのブレスラウ（現ポーランド領プロツラフ）に生まれ、ベルリン大学卒業後、パリ、ロンドン、中国に遊び、大正の初期に来日された。

一高ではドイツ語の作文と会話を教えておられたが、わたくしが一年のときは、生徒にわかるように、講義に英語を使われていた。文字を書かれるときは、伝統的な亀の子文字ではなくて、ローマ字であった。このようなことは当時の生粋のドイツ人には普通、あり得ないことである。ペツォルド先生には、狭い意味での民族主義を超越された風格が感じられた。

授業は、小学校の国定教科書をドイツ語に訳す勉強であった。あてられた生徒はそれを黒板に書き、先生が添削されるのであるが、級友たちは、「あてられるかどうかわからないものを、勉強する気にはなれん。お前がやっておけ」と、わたくしに作文を委託した。あてられた生徒はわたくしの机の傍を過ぎるとき、作文の紙を手早く受け取って、これを見ながら黒板に書く。しかしその早技も、ペツォルド先生の目にとまるのを避けられない場合もあった。そんなとき先生が、「ジブンノモノ、ジブンノモノ！」と生徒を叱られたことを思い出す。何かの拍子に飛び出す日本語は、先生一流のものであった。生徒がいたずらをしていると、「シツレイヤツ（失礼な奴）デス！」といって叱られる。文乙に首席で入学した俊才・倉知善一君（のち住友信託支配人）が、あるときあてられて当惑していると、先生は「イチバンエライヒト、デキマセンカ？」といわれたものである。その後彼の愛称は、「イチバンエライヒト」になった。

先生がいつ頃から仏教の勉強をされていたかはわからない。ドイツ人でありながら仏教を勉強するというのは、ドイツ人の精神的伝統から見ると明らかに異端者である。しかし先生は、ドイツ語の授業の中に、しばしば仏教の話をされていた。先生は仏教のうちでも天台学を研究され、昭和三年に、天台宗から大僧都の位を受けられている。仏教教理に関する論文も多数残され、その伝教大師《でんぎょうだいし》（天台宗開祖・最澄。七六七〜八二二）についての遺稿は、令息の未亡人のお宅にあり、現在刊行準備中である。

われわれは平生話をするときには、仏教語をそのまま用いている。「煩悩《ぼんのう》」とか「因縁《いんねん》」とかいうような語も、特に説明したりしない。しかし外国語で表現する場合には、それらの語の意味内容をはっきり把えていなければならない。外国語で表現しようとする努力は、意味内容の理解につながる。だからペツォルド先生との対話が仏教を思想的なものとして理解しようとするとき、大いに役立ったと思われる。後年『佛教語大辞典』の編纂にわたくしを執拗に駆り立てた動機も、実はそこにある。仏教語の邦訳は、

昭和８年、第一高等学校の卒業記念（後列左から２人目）

従来ほとんど漢訳をそのままに用いる傾向があり、不明確で難解なために、常人を近寄りがたくさせるきらいがあった。日本の文明の根幹をなしている仏教が、これでは日本人に十分に理解され、その人生観なり世界観に寄与するものにはなりにくい。そこでわたくしは、平易であること、明確であることをできるだけ心がけて、仏教語の邦訳に努めてみたかったのである。この方針は、原始仏教の経典の日本語訳にも貫いたつもりである。

ペツォルド先生はいうまでもなく、「仏教概論」のような講義をされたわけではなかった。ただ、折りに触れて断片的に仏教の話をされたにすぎないが、先生から受けた感化は、後々までわたくしの仏教に対する理解の仕方に、大きな影響を与え続けたのであった。

いずれにせよ、仏教を公教育の場で教えられず、それを教えたのがほかならぬ一ドイツ人の教師であったという事実は、明治以後の日本の教育精神に反省の一石を投じるものではないか。このことは日本の思想の大きな動きの中で、大いに問題とすべきである、とわたくしは考えている。

こうした先生の薫陶を受けて、わたくしは東洋哲学、仏教学への関心を次第に深めていき、ついに大学でインド哲学を志すに至った。異様なことをやるというので変な目で見られ、変なことをやるというので軽蔑されるのが落ちであった。インド哲学を修め、その学科を卒業しても、就職のあてはまったくない。しかし両親は、寛容で、それを許してくれた。それと同時に、わたくしは自分なりに道を切り開いていかなければならなかった。

インド哲学への道

「もしも愚者が愚者であると知れば、すなわち賢者である。愚者であってしかもみずから賢者と思う者こそ、愚者と名づけられる」
『ダンマパダ』より

「若さ」という驕り

わたくしはこの書の中で、たびたび「勉め強いる」という言葉を使ってきた。勉め強いること、つまり勉強とは、この場合、狭義の受験勉強を指すものではない。わが道を行くのに大切な学殖を身につけるために、ひたすら不撓《ふぎょう》の精神を続けていくことであり、むしろ「修行」という言葉に近い意味をもっている。

世の中を見ると、なるほど学習、ないし研究は盛んに行なわれているが、どうかすると、このような意味での勉強が欠落しているように見受けられて仕方がない。先人たちのそれに比べれば、比較にならないほど甘い勉強しかしてこなかったわたくしのような者の目にも、そう映ってしまうのであるから、事態は深刻である。

まことに、わが国の学問の先人たちは勉め強いることにおいて、現代の人々の想像を超える厳しさを備えていた。それについて、わたくしに卑近な例話を一つ紹介しておこう。

わたくしの恩師宇井伯寿先生は点数はそれほど辛い方ではなかったが、怠ける学生にはよく叱っておられた。何かを調べてこなかったりすると、「調べもしないで演習に出てくるよりは、下宿で……」といわれる。次にくる下の句は、普通は「寝ころがっている方がよい」となるのが世間の例であるが、先生は「本でも読んでいる方がよい」といわれる。学徒である限りは、どこまでも書物と討死する覚悟が必要だと思っておられたようである。そのような言葉がサッと出るのも、それを先生が実行しておられたからである。

しかしそのような先生も、ひと時代前の先生、例えば村上専精先生から、こんなことをいわれたという。「宇井君、君は火鉢にあたって書を読むのかね」。村上先生はそのとき、一心に勉強しているときに、寒さや暑さを感じるだけのゆとりがあるのかと、いかにも信じられぬといったお顔をされたという。

ここまで行けば、勉強はもはや厳しい修行以外の何ものでもない。真夏にはエアコンのかかる室内で仕事するわたくしなどを古人が見たら、その堕落のさまに、それこそ目を回しかねない、といっても誇張ではなかろう。

わたくしは何も、そのような古き厳しき勉強を現代の若い方々に勧める気持ちは毛頭ない。しかし、才能ある人は別であるが、そうではない人は自ら勉め強いることなしには道を切り開いていけないのではないかということを、強く主張しておきたいのである。逆に勉め強いることの中に楽しみを見出せるようになれば、道はおのずと開けてくるという言い方もできるであろう。

仏典の上で、「三つの驕《おご》り」と呼ばれているものがある。若い人々には、自分は若い、という「若さの驕り」がある。また若さを失った人々でも、自分は元気だという「健康の驕り」がある。さらに、老齢になって病気にかかった人でも、自分はまだ生きているという「いのちの驕り」がある。これが三つの驕りである。その驕りは、人間にとって本質的なものであるが、それは空虚でいつかはくずれ落ちてしまう。若い方々は、特にこの「若さの驕り」のむなしいことを自覚して、若いうちにすべきことは若いうちにしておくことが望ましい。

勉強にも、若いうちにしかできない勉強がある。その勉強を集中的に行なっておかないと、永久に時期を逸してしまうことは、もはや「日暮れて道遠し」の感を深くしている現在のわたくしが、つくづく思い知らされていることである。一高時代に教えを受けた須藤新吉先生は、あるとき、心理学の講義の時間に、こんなことをいわれた。

「学術や技能の習得は段階的になされるものであるから、ある時期には集中的に努力して、一定の段階まで達するように心がけなければならない」

まさに至言であった、と今にして思われるのである。わたくしは大学時代に師にしたがって教示されたことを記す中で、自身行なった勉強についても触れることになろう。それがもしも自慢めかしく聞こえたとしたら、わたくしの表現の仕方が拙かったものとしてお許しいただきたい。いわんとするところは以上述べたようなことにあることを、汲みとっていただきたいと思う。

宇井伯寿先生のこと

日本が国際連盟を脱退し、孤立化の方向をたどり始める昭和八年、わたくしは東大の印度哲学梵文学科に入学した。このときの新入生は十七名。無試験であるとしても、これは当時のこの学科としては異例というべきほどの多数であった。

その頃のことであるが、友松円諦師（仏教学者・神田寺主管）の「法句経講義」なる連続講義がラジオで放送され、今ほどマスコミが発達していなかった時代でも、この番組は爆発的な人気と、反響を呼んでいた。『法句経』とはパーリ語の経典『ダンマパダ（真理のことば）』の訳で、全体が四百二十三の詩からなっている。その全ては現実の人生に対する深

東京帝国大学一年の頃

い、具体的な洞察力に満ちており、一人の人間が誤りなく生きていくには、どうしたらよいかが端的に示されている。仏教の最もよき入門書ともいうべきこの経典を取り上げた友松師の名講義は、当時非常に歓迎され、〝仏教復興〟の気運が生まれた。就職のあてのまったくない印哲梵文学科へのその年の入学者が多かったのは、そのような仏教のいわば近代化運動に、触発された青年が多かったからであろう。

インド哲学の研究室は、図書館の一階の一室しかなくて、諸先生や助手が座ったら、もう学生の立っている場所はないくらいであった。幸いに諸先生が一度に揃う機会は稀であったので、先生方のおられないときに、学生は出入りするという状態であった。しかし、この分野では、東京大学は老舗であり、図書館には多年にわたって集めた書物があった。やはり日本一の充実した内容をもっていたといえるであろう。むろん、当時にも存在していた多数の仏教系の諸大学は大陣内を擁していたが、それらは各宗派の伝統的教学の研究が中心であり、原典研究による学問は当時国立大学の方がはるかに進んでいたのである。

わたくしが大学に入学したときの主任教授は宇井伯寿先生であった。宇井先生は昭和五年に東京大学の教授になられたが、わたくしが入学した昭和八年の第一学期には、まだ東北大学と兼任であり、毎月一度の割で仙台へ行っておられた。したがって、その欠けた部分の埋め合わせのために、月曜日の午後一時から夕方四時まで「印度哲学概説」の講義をびっしり教えてくださるほど、学問に対して熱心な方だった。

かつて岩波書店の社長をしておられた岩波茂雄氏に初めて会ったとき、氏は真っ先に、「あんたは、お師匠さんがいいからね」といわれた。宇井先生は、明治以後に西洋から日本に移入された近代的な研究法に基づいて、インド哲学史、ならびに中国、日本にわたる仏教史の体系を、初めて学問的に構成された。特に、わが国におけるインド哲学の研究を、世界的水準というよりも、ある面では欧米諸国よりもはるかに高度のものに高めた方であった。

その恩師宇井先生のことを書くとなると、これは亡き先生にご迷惑をかけることになるな、という思いが先に立ってしまう。先生はフラッシュを浴びて表に立つようなことは、生涯好まれなかった。ラジオに出られたこともないし、文化勲章を受けられたとき（昭和二十八年）にもテレビに姿を現わされなかった。学士院会員はじめ国家的な栄誉を数々受けられたが、大がかりな祝賀会は全て辞退された。明治の人によく見られる強い正義感、道徳観、特に責任感が、先生の場合は一身にみなぎっていたようである。その先生に焦点をあてることは、何かしら師に対して礼を失するという気がするが、この機会に若干のことを記しておきたいと思う。

宇井先生は明治十五年六月一日、愛知県宝飯郡御津町の生まれである。六歳のとき厳父を失い、十二歳にして曹洞宗東漸寺大原活山老師の弟子となられた。東京帝国大学哲学科を明治四十二年に卒業し、駒沢大学の講師に就任されたが、大正二年、曹洞宗海外留学生としてドイツのチュービンゲン大学に留学された。第一次世界大戦の勃発とともに翌年、イギリスに難を避け、ロンドンに一年、オックスフォードに半年、ケンブリッジに一年半滞在、勉強された。

この時代の研究がその後の学問的発展の基礎となったのであるが、特にイギリス留学中の不朽の功績は、ロンドンの王立アジア協会から出版された『勝宗十句義論』の英訳である。これはインド古代に自然哲学を説いたヴァイシェーシカ学派（開祖はカナーダ）の哲学の、一つの古典研究で、世界的に高く評価された。外国で出版された、どのイン

昭和27年、宇井先生を囲んで（前列左端が筆者）

ド哲学史を取っても、先生のこの書に言及しないものはないほどである。それは国際的に学者としての先生の名声を決定的にした。
　こえて大正六年、宇井先生は、アフリカの喜望峰を廻り、インドの仏蹟巡拝をすませて帰国し、大正八年、東京帝大の講師、さらに東北大学教授（大正十二年）を経て、昭和五年に東京大学の教授に転任された。それから昭和十八年に退官されるまで、『印度哲学研究』全十二巻をはじめ、『印度哲学史』などが次々に刊行された。これはインドの諸学者、並びに諸典籍の年代的位置づけが精密になされ、また系統づけられているという点では、外国で刊行されたどの書よりも優れているといっても過言ではない。先生が開拓されたインド哲学のこの歴史的、体系的な把握を手がかりとして、後輩の人々はそれぞれの立場で発展させているといってよいであろう。

仏教に関しても幾多の論文を書かれ、それらは『仏教思想研究』などにまとめられたが、それと並んでこの時期の先生の大きな仕事の一つは、『禅宗史研究』三巻の完成であった。禅に関する書は少なくないが、歴史的、系統的にまとめてある書としては、最も信頼されているものである。また禅の研究と相まって、『支那仏教史』も結実している。

先生の業績は、退官後のものも、在官中のものに劣らぬほど多い。退官後は戦災にも遭われたが、戦後は神奈川県湯河原の奥の広河原、ついで鎌倉に隠棲され、読書と研究の日々を楽しみ、ほとんど毎年のように多くの大著を刊行された。その中には『日本仏教概史』(昭和二十六年)が含まれる。ここに、インド、中国、日本にわたる三国仏教通史の大研究が完成したのである。この他先生の著作は、大著だけでも枚挙にいとまがない(宇井先生の全著作は遺稿集『インド哲学から仏教へ』=岩波書店、一九七六年=の末尾に列挙されている)。

先生は、昭和三十八年七月十日八十一歳で亡くなられた。その約三週間前には、『大乗仏典の研究』という千百頁余りにおよぶ力作が上梓されている。ご不例の由を耳にして、わたくしがお訪ねしたのは、亡くなられるわずか四日前のことであった。先生は床に臥せりながら楽しそうに話しておられたが、自身では死期の迫ってくるのを気づいておられた。「もうだめだね」と、ひと言もらされた。しかし、それに深刻な響きはなく、話はすぐに学問へと向いていった。「この頃、安世高（二世紀の中国の初期経典漢訳僧）のものを読んでいるがね、この時代にもう五位七十五法（小乗仏教のある思想体系）を論じているよ」というような学問上の論議をされる。齢八十を超えて、なお衰えを見せぬ学問研究への強い意欲と、自分の死に対する何の執着もない淡々とした心境――この両者が、臨終に近い先生のうちに、何の矛盾もなく素直に働いていたのである。東洋の聖者の理想が現実の人間のうちに具現されている姿を、わたくしはまざまざとこの目で知ることができた。

先生の没後、お宅に伺ってみると、講義のときにいつも用意してこられたノートが何も残っていなかった。先生は講義のためにいつもきちんとノートを用意してこられ、

東大二年の頃、兄弟揃っての記念写真（前列左端が筆者）

懇々と、かんで含めるように教えておられた。わたくしは第二学年になってから先生の演習に出たが、そのときはインドにおける最大の哲学者といわれるシャンカラの『ブラフマ・スートラ註解』（ブラフマ・スートラはヴェーダーンタ学派の根本経典）を読んでおられた。原文の一字一句をゆるかせにせず解明されたので、先生の講義はよく理解できた。そういう講義用のノートは、おそらく空襲で焼けてしまったのであろう。残念なことである。

先生はわれわれ学生にも、サンスクリット原典は読んだら訳をつけておけ、と常にいっておられた。先生の学風は厳密で、いい加減なことは許されなかった。〝優〟をもらった学生がかなりいたことから見ても、点数はそれほど辛くなかったと思う。しかし、怠ける学生には「下宿で本でも読んでる方が良い」と叱られたことは、前に述べたとおりである。

そのように、学問的には非常に厳格な先生であったが、わたくしたち門弟に対しては思いやり深く、その願いは何でも快く引き受けてくださった。先生は親切や愛情を口にされるのではなく、行動によって示された。もしもだれかが窮地に立っている場合には、これを力強く庇護されるという、絶対に信頼され得る方であった。

学問一途ではあったが、趣味も非常に広く、お若い時から和歌をつくり、昔は落語や川柳を楽しまれたこともある。東京の淀橋諏訪町にお住まいのときは菊をつくられたというが、人に特に示すといったことはされなかった。

わたくしが大学院に入り、宇井先生の指導のもとにインドの諸哲学学派、ことにヴェーダーンタ学派の哲学の研究を主とするようになったことは、この本の初めに書いておいた。インドには多くの哲学学派があったが、主流をなすものはヴェーダーンタ哲学である。それを研究すると、やがては、仏教を含むインド思想全般に研究を及ぼすことができる、という先生の配慮からであったが、事実はまったくそのとおりになった。わたくしの学者としての歩みは遅々としていたが、先生に方向づけしていただいたその道は、一つの道が何本にも分かれ、そのうちの一本がまた幾つもの道を作るという、予想以上にひろがりをもった学問の道であった。ただ、わたくしの不徳の至すところで、先生が期待されたことの千万分の一をも未だ果たしていないことを恥じ、申し訳なく思うばかりである。

しかし、わたくしは死の寸前まで机に向かい、自分のほそぼそとした研究をまとめ続けたいと願っている。筆をもったままコトリと息絶えれば、学者として、それはそれで本望であろう。そうすることが、宇井先生の深い学恩にせめても報いることになるのではなかろうか、と思うのである。

自分が納得できる研究

和辻哲郎先生が、昭和二十四年に東大を退官されるとき、当時の文学部長の高木貞二氏は「先生は文学部を重からしめる教授でいらっしゃった」と、公に挨拶された。和辻先生の学問が広く、深く、かつ鋭いことはなんぴとも認めるところであった。先生のように古今東西の文明にわたって学識の広く、かつ深かった方は、考えてみると、人類の歴史を通じても稀だったのではなかろうか。先生は西洋においてさえ類例を見出し難いような、まったくユニークな存在であった。

先生はわたくしが文学部の第二学年のとき（昭和九年）、京都大学から転任してこられた。初めてお目にかかったのは、その年の夏、一高時代の恩師亀井高孝先生の勧めと紹介により、本郷西片町のお宅にお訪ねしたときのことであった。それから逝去された昭和三十五年まで、二十七年の長きにわたって温情あふれるご指導にあずかろうとは、当時は夢想だにしなかった。わたくしは学科が違っていたので先生の講義に多くは出なかったが、個人的に指導された言葉が、強い印象を残している。

長い学問的経歴を通じて、先生はいろいろの講義をされたようであるが、東京大学に転任されてからは「倫理学」の講座の担任であった。その「倫理学概論」の講義は大教室で行なわれた。それは魅力的で、満堂の聴講学生はただ酔わされたような思いがした。そのときのノートが大著『倫理学』となったのであるが、退官と同時に『倫理学』三巻の刊行が完結したのは、大学教授として、まことに見事な、うらやましい生涯であった。

しかし先生の巨大な業績は、単に世人が常識的に考えている「倫理学」の範囲外のものも相当に多いし、他の学科で専攻するような事柄にも及んでいる。この意味で先生の学問は、日本の大学特有のセクショナリズムとはほど遠いところに位置していた。これを「和辻学」と呼ぶことに、だれも異論はないであろう。

ところで、その「和辻学」とは何であるか。哲学は個別性や特殊性を捨象して、普遍的なものをめざして努力を続ける。そこでは個別性や特殊性が、その普遍的なものの照明を受けて、その媒介によって意味を獲得する。言い換えれば、何らかのイデア的なものに基づいて解明される。それをめざしていたのが、まさに和辻先生の学問であったと思う。その顕著な一例が、「飛鳥奈良時代の彫刻建築などのような偉大な芸術を創造した日本人は、いったい何者であったか」という疑問に対する解決を求めた『日本古代文化』であった。

亀井高孝先生は、「和辻の本領はクルトゥール・ヒストリカー（文化史家）なんでね」といわれた。わたくしなどは先生の高大な業績のほんの一端を伺い知っているだけにすぎないが、かつて僭越ながら、「和辻学」についての私見を述べさせていただいたこともある（拙著『東方の人』所収）。拙い小論であるが、要は、特殊なもののうちに普遍的意義を認め、人間存在の真理そのものへ肉薄するところに、和辻学の本質が構成されていたのではないかと考える。

和辻先生は仏教研究においても卓越した業績を残されている。いかに多くの人々が、先生によって仏教への眼を開かれたことであろうか。『原始仏教の実践哲学』は先生の学位論文であるが、今日なお、最高の水準を示す研究の一つとして、研究者必読の書とされている。この書にはもちろん、専門的見地からも貴重な研究が各章ごとに盛られているが、その最大の意義は、個別的な新成果、新研究ばかりでなく、原始仏教思想というものを一般の哲学研究者の関心のうちにもたらしたということにある。同様に、日本精神史上における道元禅師の高潔な人格と深い哲学思想も、先生の「沙門道元」という論文によって、一般知識人に初めて知られるようになった。道元の言行を録した『正法眼蔵随聞記《しょうぼうげんぞうずいもんき》』も、以前は一部の専門家の間にだけ知られていたにすぎなかったが、先生の研究と校訂出版によって、あまねく世に知られるようになったのである。また『古寺巡礼』は、奈良の仏教美術に対する驚嘆の目を開かせ、多くの若者たちに忘れられていた奈良の古寺に心を向けさせる糸口となった。

先生の諸研究は、全て、みずみずしい鼓動する生命がみなぎっているという感じがする。『日本精神史研究』は、学生時代に読んだとき、論文というものがこんなに美しく、みずみずしく、こんなに宗高な形で著され得るものだろうか、と感嘆した。こういう研究がもとになって、後年に書かれた『風土』『日本倫理思想史』などを含めて、先生の著作によって、東洋の古典や日本の文化に関心をもつようになった人々が、わたくしの知る範囲だけでも数多くいる。

不世出の天才的学者——それはまさに先生に対して適用されるべき呼称のように思われるが、その厳しい学問的精神は、また驚くべきものがある。格調の高い、美しい洗練された先生の名文も、天才のひらめきであるばかりではなくて、周到な心づかいによって完成の極致を示されたものである。大学の講義の草稿も、原稿用紙のマス目に一字ずつきちんと書かれたものだと伺って、わたくしは驚き襟を正したことがあった。

また、わたくしが東大の教職についたとき、お宅に挨拶に伺ったときのことである。先生は「講義の準備としてノートをきちんと作っておき、いつ死んでもすぐに出版できるようにしてあれば願わしいことだと思いますね」と、いわれたが、逝去後に見せていただくと、先生の講義原稿はそのとおりに整理されていた。いつも講義に真剣に取り組んでおられたのである。

大学の演習にもそのような風格がよく現われていた。カントの『道徳形而上学の基礎』やヘーゲルの『法哲学』の演習に出たことがあるが、原文解釈はまことに厳密に検討された。例えば、「これ」「それ」といった指示代名詞が何を指しているか、仮定法による表現がその場合どういう意味合いをもつか、といった風であった。

先生は他の大学諸機関への出講は全て辞退され、講演の依頼も受け入れられなかった。休暇中も避暑も避寒もされず、本郷西片町、その後、練馬のご自宅の書斎で読書研究に専念しておられた。その読書の仕方も徹底的で、例えば『大正新脩大蔵経』のような高価な本にも、赤鉛筆で縦横に書き入れがしてあった。わたくしなどは、廉価な書物ならともかく、書き込みをためらうものであるが、先生はそのようなことにとらわれず、書物を駆使されたのであった。

講演を断られた先生も、わたくしの知る限り、一度だけ出向かれたことがある。昭和二十七年に平凡社社長の下中弥三郎氏が東横線の大倉山に「大倉山学院」を創設し、わたくしに指導を頼まれた。そのとき氏は、宇井先生と和辻先生と長谷川如是閑翁とを顧問に推薦されたのであるが、その関係もあって、和辻先生が講演にこられたのである。先生はそのとき、こんなことをいわれた。

「西洋では一貫した哲学思想史が幾つもできているが、東洋の哲学思想史については、それに劣らぬものがまだ完成されていない。それをまとめてもらいたい」

これを完成することは、ご指導を受けたわたくしなどの務めであると思うが、それから三十余年経った今も、その体系的叙述ができていないことをわたくしは恥じるものである。

先生の言葉で強く印象に残っているものは数えきれない。例えば、日本倫理思想史の演習を開講されるにあたって、出席している学生たちにこのようなことをいわれた。

「この演習では、よく知られている日本の古典を材料として取り上げてゆく。国史や国文学などの専門家は珍しい特殊な資料を見つけて、鬼の首でも取ったようにそういうものばかりを取り上げたがるが、実はありふれた周知の資料の中から大切なことを幾らでも取り出せるのではないですか」

わたくしは取得する単位の関係でその後の演習には出られなかったが、先生のこの言葉は未だに耳朶を離れない。

初めてお訪ねしたときだからもう五十余年前のことであるが、そのとき先生はわたくしの分野の研究の仕方について、「まあ、自分で納得のいくようにやってみませんか」といわれた。世の哲学者といわれる人たちが、自分にもわかっていない難解な術語をもて遊んでいたことを、暗に批判されたのであろう。それは和辻先生の次のような文章にも表われている。

「日常の言語から遠のいた哲学は決して幸福な哲学ではない。思えば長い間のラテン語の桎梏《しっこく》から猛然として己れを解き放した百余年前のドイツの哲学者たちは、それによって同時に哲学をば潑剌として生きたものにしたのであった。かかる仕事はまことに大力量の士を必要とする。が、大力量の士はかれを待望する時勢によってのみ生み出されてくるのである。われわれはここにかかる待望の声をあげる。日本語は哲学的思索にとって不向きな言語ではない。しかもそれは哲学的思索にとっていまだ処女である。日本語をもって思索する哲学者よ、生まれいでよ」(『続日本精神史研究』)

和辻先生のこのような呼びかけにもかかわらず、日本の哲学者は西洋の術語にただ漢字をあてはめただけで、日本語で思索しなかった傾向がある。その表現の仕方も一般の人にわかりにくく、なかには書いた本人自身が果たして納得できているかどうかとさえ思われるものもある。それに対して、先生の論述は確かに明快であり、熟読すればよく理解することのできるものである。自分の納得のゆくように研究し、これを叙述してみませんか、という和辻先生の言葉は、わたくしのその後の学問人生の重要な指針となった。

語学について

大学時代に良き導きを与えてくださった先生方の名は、この他にもいちいち記しきれないほどである。語学の方面についてだけいえば、長井真琴先生の懇切丁寧なパーリ語の講義が、ただちに思い出される（先生は原始仏教も教えておられた）。サンスクリット語は福島直四郎先生、そしてチベット語は、飄々たる仙人の風格のある池田澄達先生が教えておられた。池田先生は晩年に形見としてチベット語文法のご自分のノート（講義草案）をわたくしにくださった。短いものであるが初学者に便利なものであるので、先生の逝去後に若干の付言を加えて『チベット文法』として刊行した。

ところで、サンスクリット文法の講義にいつもわたくしと机を並べていた法学部の学生がいた。一高時代に思いがけない縁ができた文科甲類の杉浦宏君である。杉浦君は、その頃から言語学に興味をもっていた。わたくしが一高時代に中村為治、神吉三郎両先生のギリシア語の講読会に出て、ギリシア語の作文添削を受けるようになったのも、彼に誘われたからである。言語学が大好きだったので、やがてはその方面の学者になるかと思われたが、杉浦君は東大法学部に学び、在学二年で外交官試験に合格したあと、外務省に入り、外交官となった。

彼は稀有の語学の天才で、大陸の諸言語に精通していた。語学の面で杉浦君から受けた示唆は少なくないが、例えばあるとき、こんなことをいわれたことがある。「一つの外国語をものにしようとするには、三年間持続的に集中して勉強すれば、何とかその可能性が生まれる。しかし三年間やってだめなら、生涯ものにならないだろう」。彼が夭折して（昭和二十七年）歳月を経たが、この言葉は今もわたくしの心に残っている。まさに至言だ、と思うと同時に、わたくしのいささか集中を欠いた若き日の語学習得のことが思われて、ますます「日暮れて道遠し」の感を深くするのである。

わたくしは今までに外国旅行を約五十回経験しているが、その大部分は外国の大学や諸機関において講義講演をするためで、それは英語で発表する場合が圧倒的に多かった。また、英語で書くのはなかなか難しいが、苦労したあげく英文著書を十数冊、その他の外国語論文は約二百編は書いて印刷刊行したと思う。そういう事情からであろうか、わたくしはよく人から語学習得の秘訣は何か、と尋ねられたことがある。まことに面映ゆい限りであり、特に英語を本式に勉強したことのないわたくしには、それに答え得るものを何も持ち合わせないが、ただそれに関わる失敗談や苦労話だけは、人並みに持っているつもりである。あるいは読者のご参考になるかもしれないので、それを若干ここに記しておこう。

すでに述べたように、わたくしは一高時代にペツォルド先生からドイツ語を鍛えられたが、英語を鍛えられるということはなかった。ペツォルド先生は一学年のときの講義に英語を用いられたと前に書いたが、いうまでもなくそれは説明をわかりやすくするためで、英語そのものを教えられたのではなかった。もう一人のドイツ人教師ヴォルフ先生は、ドイツ国粋主義に立たれていたような方で、わたくしたちに伝統的な亀の子文字ばかり書くことを命じ、授業中に英語や日本語を混ずることを許されなかった。したがって、わたくしの英語は、東京高師付属中学で学んだレベルにとどまっているといってよい。

中学では文人タイプの左右田実先生、生粋の語学者であった石橋幸太郎先生に教わったが、最初に手ほどきをしてくださったのは、のちに東京文理科大学、その他の大学の教授を歴任された黒田巍先生であった。また第一学年ではトーニー、第二学年でランソムというイギリスの婦人から会話を習った。これによって英語を親しいものにすることができたことに、わたくしは今でも感謝している。

のちに触れることになるであろうが、わたくしは日本がまだ占領下にあった一九五一年（昭和二十六年）、たまたまアメリカのスタンフォード大学から客員教授にきてくれという招きを受けた。願ってもない幸運であり、先生方も勧めてくださり、先輩知己も喜んでくれたが、わたくしとしては二の足を踏まなければならない理由があった。英語である。英語は戦時中には敵性語としてにらまれていたし、会話が苦手だったのである。

結局、ともかく出掛けてみよう、ということになったが、そのときにいろいろな方から種々アドバイスを受けた。わたくしの『東洋人の思惟方法』を評価し、英訳を企画された鶴見俊輔君は、発音の癖は最初のうちに直してもらわないとのちのちまで抜けない、という意味の忠告をしてくれた。イギリス人の仏教徒としてわれわれに好意的であったブリンクリーさんは、英語でものを考える習練を積みなさい、といわれたが、これは今日の人々にも参考になることかもしれない。またわたくしは、インド大使館の一等書記官トリヴェーディ氏と定期的に会うことにした。それは、ケンブリッジ出身のトリヴェーディ氏がわたくしの英語を直し、わたくしが日本語を教え、日本のことを紹介するという、いわば交換教授であった。そして同氏の勧めにより、旧式の蓄音機を買い求めてきて、英語のドラマなどを聴きながら耳をならしたりした。いわゆるリンガフォン・システムである。こうして勉強はしてみたけれども、身に染みついた日本人としての発音の癖は、どうにも直らなかった。そしてついに、こんな皮肉な挿話もある。

スタンフォード大学で講義しているとき、日本のある有名大学出身の俊才が入学してきた。その留学生に、哲学科主任のゴーヒーン教授が、「ナカムーラの講義を聴け」と勧める。わたくしが「とんでもない。この人は正しい英語を身につけようとして留学してきたのではありませんか」と答えると、教授はこういったのである。

「いや、そうではない。自分は若いときにフランスに留学したことがあるが、大学の講義がさっぱりわからなかった。中で一つだけわかる講義があった。それはアメリカ人の教授がフランス語で講義していたのであった。今留学にきた彼だってきっとそうだろう。ミスター・ナカムーラのジャパニーズ・イングリシュならわかるだろう」

これもまた、ある意味では皮肉な話であるが、こんな体験をしたこともある。アメリカも外国人が大勢往来するニューヨークやロサンゼルスで講演するときには、聴衆は何とかわかってくれるようであるが、コロラド州や北カロライナ州の大学で公開講演する場合は事情が違う。日本人というものをほとんど見たことがないので、「日本人が講演するとは?」といって、まるで動物園の珍獣でも見るようなつもりで聴衆が集まってくる。そういう地方での講演のあと、聴衆の中の一人がいった言葉は、わたくしとしては決して喜べないものであった。その人はこういったのである。「あなたの話は、初めのうちは聞き取れなかったが、そのうち、あなたの発音の癖がわかったので、講演内容を理解できるようになった」と。

ときには、辞書に出ているとおりの発音をしても通じないこともあった。とにかく発音には閉口することが多く、この面で泣かされた失敗談は数えきれない。わたくしのそういうスピーキングを指して、わたくしの家内は、「心臓で通じさせる英語だから〝ハートリッシュ〟だ」といった。心臓と勇気をもって、ものおじせずに話すことが必要だと思う。ヒアリングも、ことにスラングが入ると、もうお手上げである。正式な英語でも、いわゆる「立て板に水」の調子で語られると、なかなか聞き取りに困難を感じる。

わたくしは戦後間もなくアメリカに赴きながら、語学習得の上ではこの好機をいかすことができなかった。杉浦宏君がいうように、三年間当地にとどまって集中して勉強していれば、何とかものになったかもしれないと思うこともある。しかし、諸般の事情で滞在は一年で終わったのは仕方がないとしても、その一年間も勤めある身としては、英語の勉強にだけ集中するわけにもいかなかった。出るのは、ただただ、繰り言とため息ばかりである。

英語の上で失敗談にだけ富んでいるわたくしであるが、今でも現地に行きその国の人々と交わりながら学ぶことは最上の習得法だ、と考えている。それも、できれば日本人のいない地方に行くことが理想的であろう。日本人に会えばつい日本語が出てしまうし、それだけ集中の程度が損なわれるからである。そして、その国の人々に笑われることを恥じたり恐れたりされないように、付言しておきたい。笑われる経験なしに上達することは、よほどその才のある人でない限り、さしあたって考えられないからである。

英語は、書くとなるともっと難しい。英文の名文を書くなど、とてもわたくしはできない。わたくしは『正法眼蔵随聞記』に出てくる道元禅師の教えに従うよりほかにない。いわく、「名文を書こうと思うな。つぶつぶと自分の理解したところを書け」——お味噌汁と香の物で育った人間が、油っこい文章を書けるわけがないではないか。

わたくしは英文に限らず、外国語による著作論文は、できるだけその言語を母国語としている人に添削してもらうことにしている。日常会話でのちょっとした言い回し、その他で、苦い体験を幾度もしているからであるが、もっと素朴に考えて、外国人が書いた日本語の文章の随所に見られる誤りを見ても、他国の言語を正しく使うことの難しさが痛感させられるからである。

このことに関連して日頃考えていることがある。いわゆる「受験英語」についての疑問である。

イギリス人の著作家で、ケンブリッジ大学卒業後、ロンドンの一流出版社から著書を幾つも刊行した知識人が、日本の英語教育教材出版社から依頼されて、現代ロンドンの標準英語の文体で本を書いた。ところが、その本に対して日本の英語教育の先生方から抗議が殺到して困ったという。文章が〝ミステイク〟を含んでいるというのである。それは「受験英語」の立場からの抗議であったが、そのイギリス人いわく、「今どきイギリスで、そんな文章（先生方が正しいとする文章）を書いたら笑われますよ。著作家たちは、もう、そんな文章を書きません」

もしそうだとしたら、いったい、「受験英語」なるものは何のために存在するのであろうか。本場のイギリスで通用しないような英語を、ただ受験生を篩《ふるい》にかけるためにだけ教えているのだとしたら、事態は考え直さなければならない。門外漢のわたくしがいうのも筋違いかもしれないが、やはり、英語教育にたずさわる先生方は現地に一度は行ってみる必要があるのではなかろうか。

このようなことは、サンスクリット語についてもいえる。サンスクリットは古代インドの標準文章語で、日本や中国では、梵天（ブラフマー）がつくったという伝説から「梵語」と呼ばれている。紀元前四世紀頃の文法家パーニニがこの言葉の文法学を確立して以来、インド文明の基準となる高級文章語として、文学、学術などで使われてきた。複雑な文法体系を持つが、今日もインドの知識階級の中には、サンスクリットの作文、会話を自由に使いこなす人が少なくない。

わたくしは一高在学中から自学自習でサンスクリットを手がけてみたが、うまくいかなかった。東大入学後、梵文学教室にバンダールカル（インドの東洋学者。一八三七〜一九二五）

の『サンスクリット・ブック』にキー（虎の巻）があるのを知り、決心して夏休みいっぱい作文の練習をした。続いて、榊亮三郎『梵語文法』の範例の答えを利用して作文をやってみたが、これでサンスクリットが、すこしは身についたような気がした。

ところが戦後に、前述したインド大使館のバラモン出身の外交官と会って話してみると、日本のサンスクリット専門家の教えるサンスクリットの発音とかなり違っていることに気づいた。これはどうしたことだろうと疑問に思ったが、次のような事情であった。日本のインド学の開拓者たちは、イギリスへ行って、オックスフォード大学のマックス・ミュラー（一八二三〜一九〇〇）から教えを受けた。ところが、そのミュラーも、師のフリードリッヒ・シュレーゲルも、実はインドへ一度も行ったことがないのである。日本の学者から数えると何代も前の人が、インド人からサンスクリットを習っているのであるから、発音がずれてきているのは当然であろう。また、サンスクリット語は古代のパーニニ文典のまますこしも変化しなかった、と専門家はいうが、よくよく調べてみると、決してそうではない。現代インドにおけるサンスクリットは専門家のいうとおりではないのである。

わたくしはインドに長期滞在したことはないが、機会あるごとにインドに赴くことにつとめてきたので、その数は十八、九回に達しているであろう。特に昭和四十一年に行ったときには会話や作文が自由自在な伝統的学者に努めて会うようにし、事実を収録した。その結果〝生きているサンスクリット〟について、『現代サンスクリットへのコンパニオン　A Companion to Contemporary Sanskrit』という英文の書を、一九七三年（昭和四十八年）にデリーのモティラル書店から出版した。その際にはデリー大学のヴァルマ教授が全体を校閲加筆されたから、まず誤りのないものになったかと思う。外国語の案内書のようなものを日本人が英文で書いたのは、あるいは異例のことであるかもしれない。

ここでは英語とサンスクリットの例をあげたが、総じて語学は作文と会話ができなければ身についたものにならないようである。そのためには現地で場数を踏むほかない。現在のヨーロッパには、インドへ一度も行ったことのない〝大家〟がまだ幅をきかしているが、これは危険なことだと思う。

わたくしは語学について、僭越な言を多く費やしすぎたかもしれない。しかし、人文科学は、言語なしには表現できない学問である。数式や元素記号などで通用し得る自然科学と、その点で事情が異なる。また言語を理解しない諸研究、諸観察が皮相なものになってしまう恐れのあることも、人文科学の特徴であるといえよう。これを斟酌《しんしゃく》していただけたら、門外漢の語学談も、あるいは意味を持つかもしれない。

人生の順縁と逆縁

仏教では、人生の上で恵まれた縁を「順縁《じゅんえん》」、さまたげとなる縁を「逆縁《ぎゃくえん》」と称している。ところでこの順縁と逆縁は、固定的なものではなく、たえず転変すると説くのが仏教の教えである。つまり、何が良き結果をもたらし、何が悪しき結果をうむかわからない。順縁と思われたものが悪しき結果につながり、逆縁が良き結果を導き出すこともある。それが仏教の考え方である。戦前・戦中・戦後を通じてのわたくしの学徒としての歩みは、振り返れば、この考え方に支配されていたという気がしてならない。

いわゆる「二・二六事件」の興きた翌月、昭和十一年三月、わたくしは大学を卒業した。卒業論文は「空の思想」を哲学的に基礎づけたインド哲学者、ナーガールジュナ

（龍樹。一五〇〜二五〇頃）の『中論』に関する研究をまとめた。『空』とは、存在するものには自体、実体・我などというものはないという考え方であり、『中論』は、ありとあらゆるものが相互依存によって存在しているという絶対的立場での真理（真諦）と、現実の日常生活の相対的立場での真理との対立を離れて、「中道」を宣揚したものである。卒業論文としては般若思想を手がけることを先輩の渡辺博士が特に強く勧められたが、宇井先生の意見によりそれと関連ある『中論』にしたのである。

当時、印哲を卒業しても就職のあてはまったくないので、わたくしも、卒業してからあとのことを考えなければならなかった。それ以前、英語教師の免状でも取ろうかと思い、英文学の講義もたくさん聴いて、教員免状に必要な単位を取得したが、これは大きな負担であった。しかし卒業間際になって、宇井伯寿先生の意向もはっきりわかったことでもあり、亀井高孝先生から「二股をかけることはやめた方が……」といわれたので、わたくしはとうとう、教員免状は取らなかった。無職への道であったが、当時五十六歳の母は、卒業を喜んで、

「蛍ゆき学び高嶺きはめぬと　あかし賜はる今日の嬉しさ」

としたためてくれた。ことに不況時代の昭和初頭とあって、大学院学生としての生活はまことにみじめなものであった。それでも、わたくし一人なら研究費から捻出したり、篤志家に援助を仰いだりしたお金で、何とか生存することだけはできたであろう。しかし下には、自立できる年齢に達していない三人の弟がいる。金の工面とやりくりの日々を送ったあげくに、わたくしはとうとう松江の先祖伝来の土地、家屋敷など一切の財産を手放した。宇井先生から「土地を売るなど軽々しくすべきことではない」と叱られたが、背に腹は変えられぬというわけであった。それが、父の没した昭和十二年のことである。

父は養子で、しかも東京住まいにもかかわらず、中村家の財産には一つも手をつけなかった。わたくしは自責の念を感じて、売り渡してから十五年ほど経た頃だと思うが、できれば買い戻したいと願い、松江を訪ねたことがある。奥谷のわが家があった地は、もはや雑草の繁茂するだけの地と化していた。わたくしはその時ほど、自分がさすらいの流れ者であることをしみじみかみしめたことはない（そこが今は分譲地になっていることは前記した）。

しかし、その当時に篤志家から援助していただいたことは、感謝とともに今も忘れられない。わたくしは大学で教職にあったとき、その頃にお世話になった方々の紹介状をもった人が生命保険の勧誘に来れば、二つ返事ですぐに入るのを常とした。ご恩が忘れられないのである。

余事にわたるが、わたくしは元来、生命保険に入ることに抵抗感というものがない。世間では、生命保険はたくさん掛けても物価の上昇で目減りするから損だといわれる。しかし、保険会社のアクチュアリーだった父は生前、よくいっていたものである。「それは貰うときは損をするかもしれないが、それだけこっちは長生きできたのだから、ありがたいと思って感謝すべきだ。その間、そのお金は他の不幸な方に回るんだから、それでいいではないか」。父のそんな言葉を小耳にはさんでいたので、抵抗感なく加入することができたものである。

そういうわけで、東大在職中、生命保険にたくさん入っていることにかけては、わたくしはおそらく一位にランクされていたと聞いている。大学では生命保険料控除の申請で保険を書き出すから、それが家内の目にとまるのは必至である。多いとはいえない棒給のほとんどが、書籍代と生命保険料に消えていくとあっては、まさに爪に火をとぼすようなやりくりの日々であった家内としては、小言の一つも出るのが当然であっただろう。というのは穏やかな言い方で、家内のそのことに関する怨みは、すでに骨髄に達していたというのが、偽らぬところである。

それはともかく、大学院時代は生活もこのように困窮していたが、研究の技術的な面でも、いろいろの困難があった。当時はコピー機械がないので、大学の図書館にある重要な研究書は自分でノートに邦訳した。今から思うと、実にムダな努力をしたものである。いざ論文を書く場合、邦訳ノートはほとんど価値がないものに等しかった。また、古いテキストはガラスの写真版で写し取るより方法がない。仏教とほぼ時代を同じくして起こったジャイナ教（開祖はマハーヴィーラ）のアルダ・マーガディー語で書かれた聖典は、そのようにして写した一つであった。しかし、ガラス板は、下手をするとすぐに砕けるし、重くて持ち運びも大変であった。そのようなことができるようになったのは、自分で写真代が捻出できるようになった、中年以後のことである。まことに無駄な努力の積み重ねであったが、自分なりに勉め強いた時代であったといえよう。

大学院に入って間もない、昭和十二年七月、蘆溝橋の事件が勃発し、中国との戦争が本格的なものになると、わたくしはすぐに松江の六十三連隊に招集された。背が低いので「輜重輸卒《しちょうゆそつ》」に廻されたが、これは最下級の兵卒で、馬をひく役であった。何のことはない、馬の従僕のようなものである。やがて外地へ出征することになり神戸の港まできたが、よほど体が弱っていたらしく、軍医に見つけられ、姫路の陸軍病院に入れられた。

昭和十二年、軍隊に入隊した頃（島根県大庭村国民学校）

まことに人生、何が幸いとなるかわかったものではない。病気にかかったことは、ある意味では逆縁といえようが、それによってわたくしは兵役を免れたのである。外地に出征していれば命は保証の限りではなかったであろう。入院してから数カ月してから解除になり、わたくしは大学に戻った。研究のほうは、それでもすこしずつ進歩した。

やがて先生方が相談されて、わたくしの研究を学位論文として提出せよ、といわれた。文学博士という学位は七十、八十にならなければもらえないものと相場が定まっていたのに、これは耳を疑うような破天荒なことであった。先生方は、卑弱な学徒にテコ入れするにはそれが一番だと配慮されたのであろうか、ともかく、これは大きな激励となった。前例のない扱いを先生方がされるならば、わたくしの方でも、前例のない論文を書かねばならぬ。わたくしは一生懸命勉強した。

書き残すことの意味

目に見える現実の世界においては差別もあり矛盾もあり、そこから抗争相剋も現われてくるが、われわれがどうしてこのようなものとして生まれてきたのか。またそれに対してどのように生きたらよいのか。迷っているわれわれに、インドの思想は、形而上学的な深みから呼びかける。

インドの思想は、われわれ日本人には特に仏教として入ってきて、親しいものとなっているが、わたくしはこれに魅せられ惹きつけられて、その源流としてのヴェーダーンタ哲学の研究にまず没入することになった。たびたび述べたように、それは恩師宇井伯寿先生の勧めによったものであり、わたくしとしても以前から取り組んでみたいと思っていた研究分野であった。

「ヴェーダーンタ哲学」などというと、あたかも雲の上の哲学であるかのように思われる方がいるかもしれないが、その観念は今なおインドの一般生活に、さまざまな形で生きているのである。一例をあげれば、ガンジス河のほとりにおけるあの河葬《かそう》である。インド人にとってガンジス河は神聖な河であり、ことにベナレスは神聖の地とされている。彼らはその神聖なる河の水に遺骸をひたし、浄め、ほとりで荼毘《だび》に臥し、遺骨はそのまま河に流してしまう。個々の墓などはつくらない。この河葬は、すなわち聖なる河と一体になる、永遠なるものと一体に帰すという考え方に立っている。この、優れてインド的な考え方は、実はヴェーダーンタ哲学の観念に由来しているのである。

こういうことからも証されるように、ヴェーダーンタ哲学は、現代のインドに命脈を保っているのである。インドという国を、そしてインド人という国民を理解するには、この哲学に対する理解が第一に必要なものとなる。ヴェーダーンタ哲学はインドに今なお生きているばかりでなく、これを奉じる教団の活動によって、世界にひろがっている。ラーマクリシュナ・ミッションがそれである。

前世紀のインドの宗教家ラーマクリシュナ（一八三四〜八六）は、ベンガル地方の貧しいバラモンの家に生まれた。彼はきわめて敬虔な信仰を持っていたヒンドゥー教の行者であるが、その立っている立場は、元来、シャンカラに由来するインドの伝統的な「不二一元論」にあった。不二一元論とは、ひと言でいうと、本当の自己（我・アートマン）と宇宙の本質（梵・ブラフマン）とは同一のもの（梵我一如）であり、全ての事物はブラフマン、アートマンに帰一するという考え方で、それこそはヴェーダーンタ哲学のうちの、シャンカラの哲学の中心をなす観念であった。ラーマクリシュナはこの立場に立って、あらゆる宗教の違いは仮の現われにすぎず、めざすところ（真理）は一つであり、また、宗教にとって最も大切なのは教義ではなく、真心をもって人を愛すること（慈悲による奉仕）であると唱え、多くの信徒を得た。彼は近代的な勉強をしたことのない人であったので、その感化はベンガル地方に限られていたが、これを世界にひろめたのが、その弟子のヴィヴェーカーナンダ（一八六二〜一九〇二）である。カルカッタ大学で近代的な学問をした彼は、やがてアメリカに滞在し、ヨーロッパを廻って、その信念を伝えた。その結果できた教団が、ラーマクリシュナ・ミッションであった（本山はカルカッタの近くのベルルにある）。

ヴィヴェーカーナンダはラーマクリシュナの思想をおし進め、「神は人間のうちに現われる」といい、「人間は神の姿であるから、人間に奉仕する活動は神に対する崇拝に他ならない」と唱えた。そこから、ラーマクリシュナ・ミッションによるさまざまな救済奉仕活動がひろがり、ヴィヴェーカーナンダの没後も、世界各地に病院・学校・孤児院・保育院・災害救済などの活動が活発に続けられている。ことに、アメリカのようないわゆる先進国では、心の問題に悩む人々が多いので、ミッションの活動もそこに重きが置かれている。ハリウッドには「ヴェーダーンタ・プレース」という地名があり、そこにつくられたラーマクリシュナ・ミッションの会堂には、悩める人々にまじって、女優や音楽家やシナリオ・ライターなどが、あるいは瞑想し、あるいは説法を熱心に聴く姿を見ることができる。

ヴェーダーンタ哲学の名は、このような近代的な宗教活動によって世界中に知られ、多くの国々で、東洋思想を代表する思想のように受け取られているのである。本国のインドにおいても、世界各国においても、それが決して過去の哲学とされていないことは、こういう例からもおわかりであろう。ヴェーダーンタとは、バラモン階級を中心に発達した民族宗教（バラモン教）の根本聖典ヴェーダの「終わりの部分」、すなわち「奥義書（ウパニシャッド）」を示し、同時に「ヴェーダーンタの極意」を意味する。そのために、ヴェーダーンタ学派はウパニシャッド学派ともいわれ、その哲学は、インドの哲学思想の本流となっている。

こういうわけで、わたくしは学位論文として「ヴェーダーンタ哲学の発展」という問題を手がけることになり、ことに、インド最大の哲学者といわれるシャンカラが現われるまでの発展史の研究に努めてみた。シャンカラの著作は多数残っているが、彼以前の思想がほとんど知られていない。それ以前の発展史は、ほとんど空白といってよかった。そこで、インドの多数の原典、チベット訳、漢訳の仏典の中から、古い時代の哲人の言談を引用している文句を集めて、古ウパニシャッドからシャンカラに至る約千年にわたる思想史をまとめたのが、「初期ヴェーダーンタ哲学史」という論文である（これは、

助教授就任祝賀会の記念写真（前列左から２人目が筆者）

やがてこの題名で全四巻で刊行された）。

執筆に取りかかったのが昭和十二年、それから五年後の昭和十七年の三月に、ようやく脱稿した。貧乏に喘《あえ》ぎながら、この学位論文をまとめるにあたって苦労したことの一つは、原稿用紙の入手である。わたくしに限らず、当時は物資不足の折から、諸先生方もこれには苦労されたようである。宇井伯寿先生は、受け取った手紙の裏に文を書かれ、それを雑誌に糊で貼ったものを出版社に渡されることもあった。ある先生は、封筒を切り開き、裏を利用されるという話もあった。しかし、審査員の先生方に見ていただくのには、ぜひにも原稿用紙が必要である。食べるものを切りつめながら、何とか入手することができた。

論文は膨大な量になり、とても全部を一度に持つことはできなかった。仕方なく、弟に手伝ってもらい、手押し車で文学部の事務室まで運んだが、あとで、その全量を見た宇井先生は、思わず、「わあ、これは読むのが大変だ！」と、悲鳴をあげられた。先生に悲鳴をあげさせたのは、このとき、一度だけである。

かくてわたくしは昭和十八年三月末日、満三十歳をもって、東京帝国大学助教授に任ぜられ、インド哲学を講義することになった。その若さで助教授になるのも異例であったのに、同時に文学博士号を受けたのは、前例のないことであった。しかし、世間は戦時の真っただ中である。学生諸君は学徒動員で軍隊へ引っぱられ、残っている諸君も、勤労奉仕で工場や農村へ行く。任命されても、ろくに講義はできなかった。勤労奉仕では、学生諸君を連れて千葉県や静岡県の農場、新潟県の農村や群馬県の飛行場に行ったことを覚えている。

ところで、わたくしの学位論文は先生方の好意で岩波書店が刊行を承諾したが、戦時中であったのでどうにもならず、長い間放置された。焼夷弾で焼かれたり、失くしたりしたら大変である。原稿の保存には、家内とともに右往左往したものである。

戦時の混乱と母や弟たちをかかえて、家庭がどうにもならなかった最中に、わたくしは結婚した。妻、洛子は大蔵省の役人で、のちに日本興業銀行の監事などを勤めた野津高次郎（学者肌で経済学博士の学位を得ている）の二女であるが、当時としては珍しく医専の出身である。母、野津礼子は、「日本最初の建築家」と評されることのある山口半六の娘であるが、この山口半六については、かつて拙著『比較思想の先駆者たち』に小文を書いたことがある。野津家は中村家とは直接の交際はなかったが、両親ともに出雲の出身であったので、両家共通の友人、知人が多く、あっさりと決まった。しかし、親たちが決めてしまったのであるから、家内にとっては見合い結婚どころではなく、有無をいわせぬ命令結婚であり、こんなスマートならざる人と一緒に暮らすのかと思い、泣きの涙でやってきたのだと述懐している。

その頃、わたくしたちは世田谷区深沢町の水野弘元博士（前・駒沢大学学長）のお宅の隣に住んでいた。『初期ヴェーダーンタ哲学史』の原稿は、ブリキ製の米櫃《こめびつ》に幾つかに分けて納めていたが、空襲警報が鳴るたびに、これを防空壕に運び込まなければならな

『初期ヴェーダンダ哲学史』四巻の初版本

い。運び出さなければならないものは、もう一つあった。母が非常に大切にしていた、家伝の甲冑を納めた鎧櫃である。明日の生活もままならない中で、新婚早々、警報のたびにこれらの重荷を運ばなければならない仕事が待っていたとは、家内にとっては予想だにしなかったであろう。彼女は始終こぼしていた（この鎧は現在、岐阜相互銀行社長・宇佐見鐵雄氏の創設した裏磐梯民芸館に管理されている）。やがて、家内は原稿のかなりの部分を筆写してくれて、そのコピーを野津家の鉄筋コンクリートの防空壕に納めたり、若干分を山梨県の高橋竹迷師の疎開されたお寺に保管していただいたりした。防空壕に隠した分は、雨水のために一部分が読めなくなったところもあった。

戦後の荒廃から脱してようやく回復の兆しが見え始めた昭和二十五年に、『初期ヴェーダーンタ哲学史』第一巻が刊行され、三十二年にその第四巻が出て完結した。出版だけでも足かけ七年かかったわけである。昭和五十六年には、増補を含めて全四巻がまとめて復刊されたが、こんな書物を今も読んでくださる方がいるのかと思い、感謝するばかりである。

この研究は、さらに続けてシャンカラの哲学の紹介、また、要点だけを記した書の刊行も予定しているが、思うにまかせない状態である。ついでながら、この書の部分部分は、英文で二十五の論文として海外の学術雑誌に発表した。その後ハーバード大学のインゴールズ教授のお世話で、ハーバード・イェンチン研究所からの資金によって全訳され、第一巻がインドのモチラル書店から一九八三年（昭和五十八年）に刊行された。

『初期ヴェーダーンタ哲学史』は大部のものになってしまったが、若いうちにこれだけの勉強ができたことはよかったと思っている。そして、この書に対するその後の国内、国外における扱いを垣間見るとき、人文科学の徒にとって、ともかくも書き残しておくことが、いかに大切なことであるか、改めて痛感させられるのである。

何度もいうが、学問の成果は万人の批判に堪えうるものでなければならない。その批判をとおしてこそ学問の発展があり、進歩がある。いかに研究が未熟であろうと、僭越だと思われようと、書いてこれを活字にしておくことは、この意味で大切なことだと考える。ことに人文科学は絵画や彫刻に似たところがあり、直観や着想がそのまま構成や表現に反映されるから、古く書かれたものでも何らかの意義をもっていることが多い。それは、『古事記』を研究する人が、今でも本居宣長の古事記研究に、たいてい目をとおす一事を見ても、推考できよう。人文科学の世界においては、古く書かれたものが新しく書かれたものよりも必ずしも劣らないのが特徴である。仮に、視野を戦後の学界の成果だけにとれば、戦前のそれを超えるものがどれだけ現われたであろうか、とさえ思われる。

書いて発表することが大切な理由は、このほかにもある。第一に、せっかくのいい思いつきでもこれを書いておかなければ、時を経て忘れてしまう危険があるからである。第二に、書きつけておかないと、研究がうぬぼれに終わってしまう可能性が大きいからである。自分ではすばらしい思いつきだと思っても、構築してこれを表現すると、欠点、弱点が生じてくるのが常である。しかし、書いたものは、自分の学問を一歩先に進ませる土台としての価値を失わない。第三に、これは技術面の理由であるが、活字にしておくと第三者的立場から自分の書いたものを読めるからである。原稿の形では、あとになって読みづらいし、紛失する恐れなしともいえないであろう。

このような理由から、わたくしは講演も、その内容が印刷刊行される場合に引き受けることにしてきた。聴衆を前にして話すのであるから、それには説得力をことさら加味しなければならない。それがその場で消え失せてしまうのは、学問の進歩に直接には貢献しないことになる。したがって、外国から講演の招きを受けても、わたくしはこの条件がない場合、今も失礼することにしている。

さて、わたくしは自分の生まれた家のことから書き起こし、ほぼ時間的順序をたどりながら、その間に師や友に学んだこと、さらに自分の学習的体験を記してきた。こうしてみると、この出雲生まれの「流れ者」は、まさに流れるように生きてきたという感が深い。わたくしは、例えば、親の死とかの不幸な事件に遭遇して、その懊悩《おうのう》の果てにインドの思想、あるいは仏教の思想に傾いていったのではないようである。このような道に入ったのは、人々との出会いに、何よりも影響されたからであろう。

わたくしはこれより、これらの人々に導かれて歩むことになった学者としての人生で、何に関心を奪われ、何をなそうとしてきたのかを、時間的順序にあまりこだわることなく書き記しておこうと思う。学問暦を書くなどは僭越至極の沙汰であろうが、これもまた、やがては何らかの意味をもつかもしれないと思うのである。

第二部　学問の使命

インドのこころ

「曠野の旅の道ずれのごとく、乏しきなかよりわかちあたうる人々は、死せるものどものあいだにあって滅びず。これは永遠の法（さだめ）である」『サンユッタ・ニカーヤ』より

永い廻り道

旅は楽しいものであり、旅情のなつかしさは人の心をなごませるものである。ふと旅に出たいという心に魅かれるのは、人の心の常であろう。しかし、それは美しい自然に恵まれ、温かい人情になごみ、安全性が保証されている日本人の考えることである。

アジア大陸の旅はまことに荒涼としている。インドやパキスタンの大部分の土地は、樹木に恵まれず、孤立した樹が所どころに見えるだけで、多くは一面の荒れ野である。シルクロードなどといえばロマンチックに聞こえるが、実際は樹木さえも見られぬ荒れ

た砂地が無限に続いているだけである。こういう地を旅すると、人は、自然からも、人間からも、捨て去られた孤影を意識するであろう。そのようなすさまじい自然に抗してまでも、昔の巡礼者や商人はなお旅をした。圧倒的に残酷な自然も、ついに彼らを圧殺することができなかった。内なる強靱なる使命感が彼らを動かしていたのである。

文明の進歩した今日においては、広野の旅というのは、過去の物語であるといえるかもしれない。しかし虚飾を去って、自分の内を見つめてみよう。いかに財あり富める人でも、権勢ある人でも、実は広野の中をひとり寂しく旅をしているようなものではなかろうか。人生には、いつどのような災難が襲ってくるのか、だれもわからない。人間個人は限られた存在であるが、襲いくるかもしれない災難は、無限に多様であり、無限大の強悪な力をもっている。われわれは孤独というよりも、常に暗い力につつまれているかのようである。考えてみれば、人生は荒れ野の旅のようなものである。

しかし、われわれの人生の行路は、一方、荒涼たる場面の続く中でも何らかの意味で理想をめざす一筋の道でもある。その荒れ野の旅には失敗や挫折もあり、紆余曲折もあるであろうが、目標をめざしているということにおいては違いはないであろう。もちろん、めざす目標は人によって異なるであろうし、また、その人の生い立ち、素質、能力、性向、あるいは、置かれた生活場面よって、目標への達しかたも当然異なるはずである。ただ、これだけはいえる。他人が教えてくれた道理や教説を生きたものにするのは、自分ひとりにかかっている。最後に決断を下ろすのは自分であって、他人ではあり得ない。自分自身は、どのように生きたらよいのであろうか。これは、なんぴとにとっても差し迫っている問題であるが、いかなる人も、最後は自分自身で決定を下さねばならない。

ところで、わたくし自身の精神的探求は、インド思想から仏教的思想にわたる歴史的研究から始まった。しかし、年月の経過とともにますます痛感するようになったのであるが、いわゆる「歴史的研究」なるものは、現実に生き苦しんでいる人々に、直接には批判や評価の原理を提供してくれない。一つの書が他の書よりも先に書かれたか、後で書かれたかというようなことは、人間の悩みと直接の関わりはあまりなさそうである。古典の内容紹介も紹介者の苦悩を経過していないと、息吹きも血の温かさも伝わってこない。ただ、昔の人の考えたことを紹介しているだけである。

人間は、思想なしには、生きていくことはできない。思想などはいらないものだということ自体が、また一つの思想である。自分自身はどのように生きたらよいのかに、自分自身で最後の決断を下すには、自分の行動を統一し、それに準拠する思想的根拠がなければならない。ところが、二十世紀に入り、世界の諸国が互いに対立抗争しつつも全体として一つのものになってくると、いろいろな思想が入りまじり、ひとりの人間に影響を及ぼしてくる。自分自身はそれに対して、どう対応したらいいのか。異質の思想と、どう対決したらいいのか。思想の「歴史的研究」は、そういう影響をもっている諸思想に対する批判や評価の原理を提供してくれないのである。

わたくしは、その批判や評価のためには広い視野からの反省が必要であると思い、おのずから「比較思想」に足を踏み入れるようになった。世界の諸思想潮流の比較研究に、努力を傾けた。しかし、その比較研究も、学問としてはそれ自体意義あることであるが、わたくしにとってはむしろ批判評価のための手がかりを得るためのものであった。

幸いに、わたくしは今も健康に恵まれている。われわれは、自身どう生きたらよいのかに迷っているのであるが、わたくしは、自分なりにこの問題の解決を試みる仕事をもっとしなければならないと考えている。わたくし自身の精神的探求は、本当の意味では、ようやく始まったといえるであろう。

まことに永い廻り道で、愚かな迂路であったが、わたくしには、これ以外の道を歩むことができなかった。あるいは必要で、意味のある廻り道であったのかもしれない。わたくしはその永い廻り道の中で学んだこと、体験したこと、考えたことどもを、自分が開拓したささやかな学問を点綴させながら記してみよう。

思想と歴史

「思想史」とは、読んで字のごとく、思想の推移、変化の歴史を研究する学問であるが、思想史家の仕事は、思想文献の内容をただ単に紹介するだけにとどまっていてよいものであろうか。

思想の推移、変化というものは、人間の社会において、人間の現実生活に即して行なわれたものであるに違いない。ある人がある時期に、かつていだいていた思想を改めて、あるいは棄てて、異なった思想を抱懐するに至ったということは大変なことである。そこでは、心の中での深刻な葛藤抗争があったに違いない。思想史家はその心の中の苦悩の呻き声を聞きとらねばならぬ。思想というものは、人間の生活の場との連関において理解されなければならぬが、そのためには、人間生活の現実の場面を明らかにしなければならない。

わたくしがインド思想史を研究するにあたって最も困惑を感じたのは、インドの社会的現実、ないしはその歴史、広い意味までのインド人の生活についての知識に乏しいということであった。現実の社会の変化を顧みない思想史研究は、十分な意味においては成立し得ないであろう。インド人の思想は、われわれの日本人のなかなか理解しがたいものを多く含んでいるが、これを理解することは、インドの風土に即した歴史的現実を注視することによってのみ可能であろう。そういう目的のためならば、西洋の碩学の著したインド史を読めばよいのではないか、といわれるであろうが、西洋のインド史学者の関心は、主として年代論や王朝の系譜に集中していて、思想研究者であるわたくしの知りたいと思うことにぴったりと答えてくれないのである。そこで、わたくしは古代インドの歴史的、社会的現実というものを、自分で納得のゆくまで理解したいと思った。古代インド人はいったいどのような生活をして、何を悩んでいたのであろうか。それを知りたいと思うと、居たたまれず、熱病につかれたように研究を始めた。それが、ちょうど太平洋戦争たけなわの頃であった。

わたくしはこの研究を思い立ったとき、第一に、考古学的資料を重用することを考えた。インド人自身の残した最も確実なものは何かというと、それは考古学的遺跡・遺品、特に碑文・古銭のたぐいである。文献だと後世の人が手を加えて書き換えたり、一部を加筆したり削除したりすることが、しばしば行なわれたが、地下から発掘されたものは改変されていた恐れがない。これこそ洗いざらい調べてみなければならないと思った（考古学の資料を用いることは、わたくしののちの原始仏教研究の方法論の一つとなったが、これについては後述する）。

インドには史書は残っていないが、多数の碑文が残っている。これは空想的叙述のまざらない、何よりも確実な根拠、疑おうとして疑うことのできないよりどころであろう。こう思って、わたくしは碑文については、西紀八世紀以前の残っている限りのものを全部あたってみた。例えば、ドイツのリューダース（一八六九〜一九四三）のブラーフミー文字の碑文目録、ノルウェーのインド学者であるクヌーヴ（ステン・コノウ。一八六七〜一九四八）のカローシュティー文字の碑文集や、フランケの目録などなどである。イギリスのフリートの集成した『ダプク碑文集成』を持っているのは、関東では駒沢大学図書館だけであった。手ではなかなか持てない大冊であるから、わたくしはそれを借り出して、リュック・サックの中に入れて背負い、駒沢大学と東京大学との間をしばしば往復した。

インド古代史の研究は戦後にも及んだが、終戦後の混乱は、まだまだわたくしたちを悩ませた。わたくしたちがその頃住んでいた世田谷区深沢町の家は、家主の方が香港から引き揚げてこられたので明け渡さねばならなくなった。住むに家なく、家内は実家の人たちとともに利根川に面した茨城県の境町（猿島郡）に疎開した。父の友人の大地主を頼ってのことであり、そちらならば食糧も何とかなるという目途があったからである（この混乱の中で昭和二十一年には長女が生まれた。二女は二十四年生まれ）。家内は帝国女子医専（現在の東邦大学）を出て医師免状をもっているのが役立ち、その町の県立病院で診療に従事した。母は弟とともに住み、わたくしはとりあえず、研究室へ逃げ込んだ。

その頃の研究室には家のない大勢の職員が住んでいた。もちろんベッドはないから椅子を四つ並べ、その間にふとんを敷いて寝る。それでも案外、揺れも少なく、寝ごこちは悪いものではなかった。しかし皆が電熱器を使うのでショートすることがたびたびあり、そのときは寒くてたまらなかった。こうして浮浪人のような生活をしながらも、わたくしは研究に打ち込んでいた。その結果ひとまずまとめたのが『インド古代史』二巻である。

昭和二十二年、疎開先の茨城県境町で。夫人と長女と三人の記念写真

これはインドにおける国家形成の黎明期に筆を起こし、氏族制農村社会における国家形成期、仏教が興った年の成立期、統一的官僚国家としてのマウリヤ王朝時代、そしてそれが崩壊したあとの時代（大乗仏教がその頃に起こる）、さらにクシャーナ帝国時代まで、西紀三〇〇〇年頃から三世紀

半ば頃にわたるインドの古代史を、それぞれの時期の社会的構成や生活の現実などを明らかにするべく、まとめたものである。

『インド古代史』は日本の歴史家からはほとんど無視されていたが、最近になって中国の北京大学・南亜研究所の諸学者が協力して二巻全部が中国語に訳された。序文も送ったのでそのうちに刊行されるであろう。諸外国で書かれた著名な『インド古代史』ではなく、わたくしのものを選んでくれた中国の学者の方々の見識と苦労に、深い感謝をささげたい。

ところでこの研究を始めた頃から、わたくしはすでに、インドを一度は訪れなければならないと思っていた。文献をつき合わせて正確に帳簿をつけるような研究ならどこででもできる。しかしインド人の精神に食い入り、その生命と取り組むような研究をしたいと思うなら、どうしてもインドそのものを知らなければならない。海外に出ることなど考えられなかった時勢にあって、しかもわが身は貧しさに喘ぎながら、こんな野望を抱いていたというのも、思えば若さゆえであったろうか。インドの香りを嗅ぎたいと思い、まずインド大使館の人々とつとめてつき合うことにした。しかし、生きているインド人の生活と魂にぶつかりたいと思う気持ちは、どうにも押さえることができなかった。その一念が天に通じたものか、わたくしは昭和二十七年の八月、初めてインドの大地を踏みしめることができた。

現地踏査の必要性

講話条約が発効し、日本が独立した昭和二十七年、わたくしは前年からアメリカのスタンフォード大学でインド哲学、および仏教思想を講義してきたが、期間も終わったので、この機会を逃すまいと思いヨーロッパを経て、インドに廻ることにした。カリフォルニアからインドまでは長い道のりであったが、矢もたてもたまらなくなり、どうしても行きたかったのである。旅費も心もとない、まことに無謀きわまりない旅であった、と今になって思う。宇井先生に「君はよくそんな金があったね」と言われた。

七月四日、パロ・アルト（スタンフォード大学のある大学町）を発ち、シカゴ、ボルチモア、ボストンなどを見て、ニューヨークから貨物船でベルギーのアントワープに渡った。イギリス、パリ、南ドイツを経て、ローマから空路ボンベイに着いたのが、八月三十一日のことであった。

空港からボンベイの都市部に向かう車の中から、棕櫚《しゅろ》や椰子《やし》の樹木の間にインド人の住居の光が点滅するのを見たとき、わたくしの心は躍り上がった。

それからデリー、アグラ、ベナレス、ブッダガヤー、パトナなどを汽車を乗り継ぎながら見て廻り、九月十二日、カルカッタから乗船し、南アジアの港々と経て、十月十四日、神戸に着いた。

インドにはその後十八、九回訪れたが、このときの旅は、最初だっただけに、何といっても強い刺戟を与えてくれた。この暑熱の広漠たる国土や民衆の生活が与えてくれた印象は、まことに強烈なものがあった。ときにはぞっとするような嫌悪感を起こさせるものにぶつかったこともあったが、それにもかかわらず、わたくしの心はインドそのものにすっかり魅惑された。

インド国内の旅行途中、いよいよお金が残り少なになっていたので、土地の人が同情してくれて、宿を提供してくれたこともある。その場所は、何と、インド特有の平たい屋根の上であった。インド以外では考えられないことであるが、屋根の上での涼しさは格別であり、満点の星くずと月を仰ぎながら眠りに落ちてゆくのは、何ともいえず、すばらしい心持ちであった。

当時のインド人は、日本人というものを見たことがなかった。わたくしは、ネパール人、チベット人、ビルマ人、タイ人、フィリッピン人、シナ人と間違えられたこともある。

余談であるが、インドの旅はまずまず、それほどのトラブルもなかったけれども、インドを出国するときはすこし手こずったものである。それというのもわたくしのパスポートにはコレラの予防注射を受けたという証明が記されていない。船会社の人は「構わんではないか」といってくれたが、インドの政府官庁出国審査はどうしても許可してくれない。そこへもってきて、出航を明日にひかえる切迫した状況に立たされた。ところがここに、親切なインド人がいて、その紹介で、カルカッタ大学医学部の医者から予防注射を受け、やっと注射済のサインをもらったものである。しかし、あとから考えてみるに、これがどうも不審でならない。コレラの予防注射は二度に分けて行なわれるもので、それを一度にやればたちまち高熱を発してしまうのであるが、わたくしは発熱しなかった。とすれば、かの医者がしてくれた注射は、何の注射であったのか、これは今もって謎である。

帰りの船はアメリカの船だと聞いていたので安心していた。ところがそれは、アメリカ資本の請負いで、いざ乗り込んでみると、船長ならびに上級船員はフィリッピン人、下級船員は中国人ばかりなのには、胆をつぶした。乗船客は日本人のわたくし一人である。しかも、彼らはかの戦争で日本に対する、その怨み骨髄に達しているはずの国々の人々なのであった。しかし、予想に反して皆は案外好意的であった。一度だけ、危険を感じたのは、シンガポールを出港したあとである。だれもいない甲板で月見をしていると、一人のフィリッピン人の高級船員がやってきた。彼は、「日本人は、わが国においてサムライを働いた。私の弟も日本兵に殺された。ひどいではないか」という。その場で彼のたくましい腕で海中に投じられたら、だれもこれを目撃する者はいない、という剣呑《けんのん》な場面である。わたくしは、ただただ、肩をすくめて、低姿勢になっているほかなかった。香港から他の船客（外国人ばかり）が乗ってきたときは、ほっとしたものである。

インドはわたくしの心を不思議に魅惑し、奥深く魅きつけるものがある。仏典やヒンドゥー教の書物に出ていることを一つひとつ自分の眼と耳で確かめることができた。五体投地の礼拝も、ガンジス河の沐浴《もくよく》も、牛のひとり歩きも……。

また、学問の上でも、行けば必ず何かしら学ぶことがあるので、わたくしはその後も何とかして現地に行くことにつとめてきた。アメリカに所用があるときも、ヨーロッパからの帰りにも、そういうわけで、つとめてインドに立ち寄ることにした。

その結果、折りに触れて記したものをまとめたのが、拙著『インド紀行』である。それは詩人、芸術家、美術史家などの旅行記とは異なり、焦点を思想史研究のための事実的裏づけにおいて、書き記したものである。したがって、記述はわたくしの旅行した、全ての地域に及んでいない。

二十回近くのインド探訪は、いずれも長いとはいえない滞在であったが、それぞれに思い出深い。なかには「盗賊の出る名所」の峠を通るなどの無茶をやったこともある。昭和三十年の旅も無理を押して行ったという点で印象深い。

わたくしはその年の元旦、マニラにおいてカトリック知識人の国際機関であるパクス・ロマーナの会議に出席し、五日にインドを訪ねた。それはインド政府の招待によるものであった。今回のインド旅行では、前々からの念願であった二つの場所を訪ねる目的をもっていた。その一つは、ナーガールジュナコンダである。そこは、わたくしが卒論で取り上げたナーガルジュナ（龍樹）の住んでいた、と伝えられる遺跡がある。そこに貯水池ができ、その寺院が水没して見られなくなるというので、まずその遺跡を見学させてもらった。昔の港町で、そこに仏教の大寺院が作られ、のちにはヒンドゥー教の寺院も建てられた。そこではインド史全体の変遷を一望のもとに知り得ることができたという気がした。そして、もう一カ所はシュリンゲーリの学院である。この学院はシャンカラが立てたもので、その不二一元論派の総本山であるから、ヴェーダーンタ哲学を勉強したと称するからには、是非にも行ってみたい所だったのである。

一年中美しい草花の咲きにおう南インドのバンガロール市から、汽車で一晩がかりで、奥地のシモガ市に着いたが、学院へ行くにはそこから山奥に入らなければならない。マイソール大学の副学長までされたニカム教授がわたくしに同行してくれたが、博士は、「タクシーには決して乗ってはならぬ」と注意する。タクシーはエンコする恐れがある。

エンコしたら、人ひとりいない山奥の真の暗闇の中で、蛇や、トラや、山犬や、スカンクまでが出てきて、それこそお手上げだというのである。引き返すわけにもいかないが、とためらっていたら、幸いジープが一台確保できて、「これなら、大丈夫だろう」と認めてくれた。

黄麈万丈の山、また山を越えて行くと、やがて高野山のような山頂の平地に、寺院、学院の並ぶ地に到着した。そこには、わたくしを歓迎してくれる学者たちが待っていた。ここにはシャンカラ以来の伝統が生きているのだ。学問的情熱と興奮がたぎる思いがした。帰りには、世界一高いジョグの滝の流れ落ちる滝壺に虹がかかるのを目にすることができた。それはたまらなく魅力的で、美しい情景であった。

シュリンゲーリの学院を訪れたのは、日本人学者としては最初であったが、それから二十年余を経て、前田專學氏（東大教授）が訪問されている。氏がおそらく二人目であろう。

昭和三十五年の一月であるから、満四十七歳。若くはない年齢であるが、その頃はまだ身体に無理がきいたのである。杖を曳かなければならない今となっては、そういう無茶もやれなくなった。しかし、これからも、つとめてインドに行き何かを学びとってこよう、という考えに変わりはない。

思想に関わる学問は、一般に机上においてのみ行なわれるものと思われているが、決してそうではない。すでに述べたように、思想というものは、人間の生活の場との連関において理解されなければならない。そのためにはその思想が生まれ、はぐくまれた現地を踏査し、そこの風土や人間の生活を肌で知ることが不可欠のものである。たとえその研究する思想が古代のものでも、今日に至るまでの間に地球の一大変化がなかったことを考えれば、風土や民衆の内なる生活感情などには、それほどの大変化はなかったものと見てよいと思う。現地を踏査することは、その思想の原典を読み、理解するための、大いなる助けとなるのである。

ヨーロッパの学者の中には、一度もインドに行ったことのない学者が未だに幅をきかしていることは既述した。そこにはインドの祭を一度も見たことのない、「大ヴェーダ学者」もいるが、わたくしはそういう人たちの学問を信用しない。また、これからはそういうインド学は、国際的に通用しなくなるであろう。

『玄奘三蔵絵詞』（法相宗秘事絵詞）という、鎌倉時代の史料を見ると、そこに出てくるインドの婦人がサーリーではなく、日本の十二単《ひとえ》のようなものを着ている図にお目にかかる。こういう誤りが生じたのは、当時の人々がいわゆる天竺に行こうとしても行けなかった事情によるのであるから致し方がないとしても、当節は、わたくしが初めてインドに行った頃とは比較にならないほど、交通の便が発達した時代である。にもかかわらず、ヨーロッパには、インドに一度も行かずにインドの思想、言語、その他の分野で活躍（？）している学者が少なくない。それが原典に対して、いきおい空想をまじえた理解をするようになると、質的には、「サーリー」を「十二単」に描くのと異ならぬ誤りが生じかねないとも限らないのである。

思想とその生まれた風土や生活とは、無縁でないどころか、これらを明らかにしてこそ、初めて思想の本質をとらえ得る可能性が生まれてくる。このことは、わたくしが原始仏教を研究するときの方法論の一つとして常に心がけていたことでもある。

原始仏教の研究

原始仏教とは、一般的な言い方では、最初期における仏教で、釈尊から始まって紀元前三世紀頃までの時代を指す。そして、原始仏教の時代には教団が一つに統一されまとまっていたのが、やがて教団が上座部と大衆部に分裂し、さらにそれぞれが細かく分裂した。それを部派仏教という。その部派仏教の一つの派が上座部で、南アジア諸国に伝わっている仏教をいう。これに対して、わが国に伝わった仏教は、その部派仏教の諸派を批判することから生まれた仏教で、『般若経』『法華経』『華厳経』などの経典で知られるところの、いわゆる大乗仏教と密教である。

わたくしはヴェーダーンタ哲学から次第にインドの思想を広く研究するようになり、『インド思想史』という小冊子も書いてみた（一九五六年）。そうした流れから、当然仏教研究もその中に含まれるので、やがて原始仏教の研究に力を注ぐことになった。日本では宗派仏教の開祖および教義の研究は盛んであり、それは微に入り細を穿って究明されていたが、もとのゴータマ・ブッダ（釈尊）その人は実際にはいかなる生涯を送り、どのような教えを説いたのであろうか、ということについては、あまり注意されていない。そこでわたくしは、これを手がけることにしたのである。

この最初期の仏教のありさまを考察するにあたって用いた方法は、主として、原典の批判的考察、風土的背景の考察、考古学的調査報告の採用などであり、また、他のインド思想との連関にも注意した。このうち、風土的背景の考察という方法については、現地を踏査する意義を述べたところで触れておいたし、考古学的調査報告の採用ということについては、『インド古代史』に触れる中で述べたから、ここで改めて記述することをしない。ここでは、その他の方法について若干記しておこう。

原始仏教研究の典拠となる聖典としては、パーリ語のものが内容的に完備しているので、パーリ語聖典を中心として考察するのが通例である。パーリ語は西インド海岸地方の一方言に由来するらしいが、この言語で記された聖典が、南アジアのスリランカ、ビルマ、タイ、カンボージア、ラオス、並びにヴェトナムの一部に伝えられている。パーリ語聖典全体は「三蔵」とも呼ばれ、戒律についての規定および説明の集成（律蔵）、釈尊およびその直弟子の説教の集成（経蔵）、哲学的論議の集成（論蔵）の三つからなっている。ところが、これらの聖典は決して同一時につくられたものでなく、段々と成立していったものであって、古いものと新しいものとがまじっているのである。そこで、原始仏教を研究する場合には、引用する原典がどの程度古いものか、見極めをつけるための手がかり、または基準を必要とする。そうしなければ歴史的所論そのものが成立しなくなるからである。原典に対する、この成立年代や成立順序を検討するのが、すなわち、原典批判的方法である。

原典批判に関しては、特に日本の学界が、世界で最も優れた研究をあまた発表していたが、どの部分が古いかといった具体的内容は、宇井伯寿先生の研究以後ほとんど解明されていなかった。そこで盛んに論議されていたのは、いわば経典の編纂過程についてであった。わたくしはそこで、言語学的あるいは文献成立史的な検討と、インドの社会的あるいは文化史的な方面からの考察とによって、その過程をだれにも承認し得る形で呈示することにつとめた。そして、原始仏教の実際の研究にあたっては、後代の典籍よりも古い典籍に基づき、特に古い典籍のうちでも最古の部分を重要視した。

ここでは、この原典成立史の詳細に立ち入ることを許されない。個々の聖典の成立史における位置づけを、ごく簡単に記したものは、拙著『ブッダのことば（スッタニパータ)』の解説につけたし、やや詳しい考究は、『原始仏教の思想』下巻・第六編に書いておいたので、興味のある方はご参照いただきたい。ただ、ここに特記しておきたいことが一つある。最初期の仏教は、一般の仏教学界で説かれていた原始仏教とは、かなり異なるものである。そこでは後代のような煩瑣な教理はすこしも述べられておらず、人として歩むべき道が釈尊によって単純に、素朴な形で説かれているのである。

ところで、聖典は韻文と散文とでなっているが、一般に韻文は古く、散文の部分は多くは後代に付加されたものである。その韻文の詩句にはウパニシャッドの文句、あるいは思想を思わせるものが少なからずある。また、その詩句には、仏教とほぼ時を同じくして興ったジャイナ教（マハーヴィーラが開祖）の聖典の詩句と、ほとんど同一のものが少なくない。考えてみれば、仏教も、インドの思想潮流と無縁にして、孤立したものとして興ったのではないから、これは当然のことである。そこで、仏教を独立したものとして捉えるのではなく、他のインド思想との連関に注意する必要が生じてくる。その連関の諸相を組み立てて整えれば、仏教独自の思想がかえって明確になるからである。これが、わたくしの原始仏教研究に用いた方法の一つであった。

こういう方法によって、わたくしはまず、釈尊が実際にどのような生涯を送ったのか、できる限り事実に近い姿で示そうと努めることにした。

広く人類の師として人々を導き、仏教の開祖と仰がれてきた釈迦族の聖者、釈尊の本来の姿は、インド人一般の思惟方法にかなり影響を受けている。インド人は、一般に個別的な事象よりも、普遍的な法（ダルマ）の意義を強調してきたために、歴史的人物としての釈尊の事跡は、神話的な象徴と空想との背後に奥深く押し隠されてしまった。後世になってまとめられたブッダの伝記、いわゆる「仏伝」も、神話的要素が多く、また釈尊が説いたとされている教えも、後世の付加仮託になるものが非常に多い。こういう後代のものによらず、聖典の中に表われる断片的資料を集め、それを批判的に検討して、適宜《てきぎ》綴り合わせて構成すれば、歴史的人物としての釈尊その人を伝えることができないとしても、現在の段階において、可能な限りそれに近い姿を伝えることができることになる。

こういう考えから研究を進め、一応まとめてみたのが、『ゴータマ・ブッダ――釈尊伝』（一九五八年）である。さらに、その後の研究を加えて約十年後に、『ゴータマ・ブッダ——釈尊の生涯』という書を刊行した（前著は古くなったわけであるが、手っとり早くわかる書ということで、現在も刊行されている）。

わたくしはこの書を初めとして、原始仏教に関する五冊の書を刊行したが、いずれも以上述べたのと同様の手法によって論述されている。原始仏教がいかなる経過をたどって成立したか、特に最初期の仏教をとりまく思想的状況、教団の成立過程を扱ったのが、『原始仏教の成立』である。思想そのものを考究したのが『原始仏教の思想』（上・下）で、ここでは特にその思想が複雑な発展過程をたどっていることを解明した。また、仏教は最初の時期から「われらはいかに生きるべきであるか？」ということを問題にしていたのであるから、これを現実の人生に即して検討しなければならない。それが『原始仏教の生活倫理』である。

やり残したことはたくさんあるが、以上五巻でわたくしの原始仏教研究は、ひとまず打ち切った。分量だけについていうならば、詳しきにすぎるといわれるかもしれないが、それでもこれは原始仏教に関する全面的・網羅的な研究とはいえない。原始仏教聖典を翻訳した『南伝大蔵経』だけでも、邦文で六十五巻七十冊あるし、これを精密に研究したならば、何百巻あっても足りないであろう。それにしても原始仏教に関する概説書としては、わたくしのものが最も詳しいと思う。ただし、「詳しい」ということがただちに「優れている」ということを意味するものでないことは、もちろんである。

平易に書くということ

唐突であるが、ここに、一つの文章を引用させていただく。

私は屢々絶対矛盾的自己同一的場所、絶対現在の世界、歴史的空間を無限球に愈へた。周辺なくして至る所が中心となる、無基底的に、矛盾的自己同一的なる球が、自己の中に自己を映す、その無限に中心的なる方法が超越的なる神である。そこに人は歴史的世界の絶対的主体を見る。その周辺的方向が、之に対して、何処までも否定的に、悪魔的と考えへられるのである。

これはフランス文学の辰野隆先生の『河童随筆』(酣燈社、昭和二十二年)に引用されている西田幾多郎博士の文章である。ある日、この文章を一人の学生に見せられた辰野先生は、次のように書いておられる。やや長くなるが、これも引用してみる。

僕はこの文章を、考え考えながら十遍ほど読み返してみたが、どうしても意味がわからなかった。今もしこの文章を外国語に訳してみせたら、外国の哲学専攻者には、その意味がわかるのだろうか、とも考えた。そこで、僕は自分の思うところを忌憚なく青年に語った。これはひどい悪文だ。こんな文章を決して模倣してはならぬ。だれでも、ものごとを完全に理解せずして、ただ何となくわかったような気がすることもあるものだが、そういう気分を十分に征服しきれぬうちに想念を文に綴ろうとする場合に、えてしてこうした悪文ができあがるのである。この文章を書いた人は外国語を十分読みこなせる人だろうか。専門の書物だけ読みえて、詩や小説を読んで、その味がわかるほど外国語を勉強した人だろうか。加之、漢字の素養も国語の造詣も案外付焼刃なのではなかろうか。要するに文学がわからないのではなかろうか。かつ、自分の文章を読者にわからせる努力をいちじるしく欠いている。自分だけでわかったということと人にわからせるということとのあいだの距離について、ほとんど考えたことがない人の文章は、往々にしてこのようなものになるのだ。さらに困るのは、こういう文章を五十遍も百遍も読んでいると、わかることには慣れずに、読むことに慣れて、やがてわかったような気持ちになり、わかったと信じるようになる。特に日本人のよう疑問に疎かな人種は別してこの種の危険にさらされる機会が多いのである、と僕は青年に説いたのであった。

この文章を書いた人の名前は問題ではない。ただこの文章は、思惟が不十分であり、表現が拙いがゆえに、難解となる場合の見本になると言いたいのだ。

そして辰野先生は、「ことは、自分が日頃その人格を尊敬する哲学教授——断じて哲人でも哲学者でもない——の為人とはまったく別問題である」と、記しておられる。これは単に文章論を論じたにとどまらず、やや辛辣《しんらつ》だが、哲学者としてのあり方そのものに対する批判を含んでいる。ここでは、たまたま特定の個人の文章が俎上にのせられたが、先生の言は、日本語で思索しないがために難解な表現をもって鳴る、他の日本の哲学者たちに、さぞ耳痛いことであろう。

哲学思想は、一般の人々の実人生に、何らかの形でためになるものでなければならない。思想は「生きたもの」でなければならない。そのためには、書いた本人だけわかっていればよいのではなく、読む人々にわかってもらうようにする努力が、不可欠なものとなる。わたくしは思想に関わる学問にたずさわる一人として、辰野隆先生の指摘に全面的に同感するものである。

わたくしは過去において、やや専門的な書を刊行するかたわら、一般向けの小冊子を少なからず世に出してきた。専門的な研究書は結論を導き出すまでの手続きに複雑な操作を必要とするので、どうしても分量が大きくなってしまう。そこで、必ずしもエキスだけを盛り込むというわけではないが、そういう手続きについての論述をつとめて抑制し、平易にわかりやすく書くことによって、一般の人々の批判に供しようとしたのが、これら一群の小冊子である。いわゆるコンパクトな本であるが、わかりやすくするために筆をまげたり、興味中心の記述に傾いたりしないように注意した。学問の成果は万人の納得し得るものでなければならないから、こういう本を出すことも、学者としての仕事の一つであるとわたくしは考えている。

ところで、仏教の聖典は難しいとか、わかりにくいとかいう、嘆きの声をよく耳にする。そんなはずはない。釈尊の教えは、少なくとも最初は、古マガダ語（中部インドの強国マガダ国の言語）、あるいはマガダ語の影響の強い民衆の俗語で伝えられていたものと考えられる。それが、ある時期にパーリ語に書き換えられて、パーリ語聖典となったのであるが、俗語の影響を完全に消し去ることはできないで、その痕跡をとどめている。とすれば、書かれていることを、民衆は、聞いただけですぐわかったに違いない。何のことだかわからないような難しい表現で訳す人がいたならば、原趣意をゆがめていることになる。

わたくしは今日まで仏教の古い聖典を幾つか訳してきた。まず、最初に邦訳したのは『ブッダのことば（スッタニパータ）』である。これは、聖典としては最も古く成立したもので〔特にその第四章「八つの詩句の章（アッタカ・ヴァッガ）」と第五章「彼岸に至る道の章（パーラーヤナ・ヴァッガ）」は最古の成立と考えられる〕、仏教の起源を尋ねるためには、どの聖典よりも重要である。その他、『ブッダの真理のことば・感興のことば（ダンマパダとウダーナヴァルガ）』、『ブッダ最後の旅（大パリニッバーナ経）』、『ブッダ神々との対話（サンユッタ・ニカーヤ）』第一編、などの原始仏教聖典を訳して刊行した。

わたくしはこの翻訳にあたっては、仮に耳で聞いても理解し得るように心がけた。これらはもともと耳で聞いて口伝えに伝承されていたものであるからである。そのためには、耳で聞いてもわからない漢訳語は原則として使わなかったし、常用漢字以外の漢字をほとんど使用しなかった。

だから、例えば「寂静」（じゃくじょう）を「やすらぎ」または「静けさ」と訳し、「遊行」（ゆうぎょう）を「巡り歩く」としたというようなわけである。そうして、この翻訳は簡潔でわかりやすいことをめざしたので、世のいわゆる仏典翻訳とは色調を異にすることになった。わたくしの平易な訳というものは、原文に無理を加えたのではなくて、かえって原文に近い直訳なのである。それは原典と対照されるならば、はっきりと理解されるであろう（ただし、原文を見ない平易な訳は、文学的、教育的にはさしつかえないが、学問的には採用できない）。特に韻文の中の単語は、仏教以外のインドの他の諸文献に出てくるものとまず共通であり、仏教特有の単語は絶無といってよい。もしも訳文に、いわゆる仏教的色彩が見られるなら、それは後世の見解を持ち込んだものであり、原意からそれだけ離れている、といわなければならない。したがって、わたくしは個々の単語、あるいは表現法がインド思想史一般、ないしインド文化史一般において、どういう意味に使われているかを吟味しながら訳すことに努めた。

これに対しては、経典としての荘重《そうちょう》がない、という非難があったが、それはもとより覚悟していたことである。しかし、荘重などというものは後代の人が加えたものであって、本来はなかったものである。やさしく翻訳するというと、何か元のものを崩していいかげんにやったと思われるかもしれないが、実は逆である。ものものしい翻訳というものの方が、かえって虚飾であり、こけおどしである。

特に最初の『ブッダのことば（スッタニパータ）』を刊行したときは、他の点でも非難された。「お釈迦さま」と仰がれる存在を、「仏陀」ならまだましも、「ブッダ」と片仮名で書いたからである。しかし、わたくしをもっていわしむれば、古代から現代に至るまでインド人は、片仮名のような簡単なデーヴァナーガリー文字などで書いていたので、固有名詞に関しては片仮名書きにするほうが原典に忠実なのである。出版社も、「ブッダ」と仮名書きにすることに若干ためらったが、わたくしは強く押し切った。それから二十八年、今では築地本願寺（東京都中央区）で唱える賛歌にも「ブッダ」と書かれている。

『ゴータマ・ブッダ——釈尊の生涯』もそうであるが、こういう試みは、後世の仏教徒が心に描いていた釈尊の姿をこわすことになるかもしれない。しかし、それは残念であるが、致し方ない。歴史的研究は小説ではない。われわれは歴史的事実をめざすのである。歴史的人間としてのゴータマ・ブッダが、やはり生まれて、生きて、そして死んだ一人の人間でありながら、「人間」を超えていたところに、われわれはその偉大さとありがたみを覚えるのではなかろうか。

わたくしが訳した聖典は、いずれも一番古い聖典であり、普通のパーリ語文法ではこなせないし、辞書もあまり役に立たない。それだけにやりがいのある仕事であったが、文句の意義だけについても綿密な考証を必要とした。そこで、漢訳やパーリ語文注釈書のみならず、西洋の信頼できる翻訳も参照したので、結局、本文よりも注釈、考証のほうが長くなった。

これら聖典の翻訳を進める中で、おもしろいことに気づいた。漢訳文と原文を対照してみると、シナ民族独特の思惟方法や伝統的価値観によって、文章や単語の原意がゆがめられているのである。一つの例をあげれば、『サンユッタ・ニカーヤ』に「事が起こったときに友となる者は朋友である」と書かれている。この「朋友」は、パーリ三蔵の注解をしたブッダゴーサによれば、「なすべきしごとに関して（ともに行く）という意味で、朋友は友なのである。酒を飲む仲間は友ではない」のである。ところが、漢訳は恐ろしく現実的である。「通材善知識」と訳しているのは、「金に困ったときに財を融通してくれる友人」という意味なのであろう。

総じてインド人のものの考え方には、中国人の理解の及ばぬことが少なからずあったようである。また、西洋人の翻訳も適切ではなく、やはり西洋人の価値観に基づいて、原意がゆがめられていることもあるという事実も気づいた。

時間との闘い

時間が人間にとって大切なものであることは、だれしも知るところであるが、時間についてつっこんで考えたという点で、わが国の道元禅師は独特である。

彼はいう。――時間そのものがすでに実在であり、一切の存在もまたみな時間である。仏の身体は、一丈六尺あるとか黄金よりなるとか信じられているが、それは時間のことである。時間というものは、それほどすばらしいものであり、時間には特有の見事さがある、この時間は、わが国で普通にいわれている（ね、うし、とら、う……）の十二時、すなわち二十四時間と同じものだ、というふうに学んでもよい。

これが道元のいう「時すでにこれ有なり、有はみな時なり、丈六金身これ時なり、時なるがゆえに、時の荘厳光明あり。いまの十二時に習学すべし」（『正法眼蔵』有時）のおよその意味であろう。これを思うと、時間はなおさらに尊いものである。そうして、われわれが時間的に限られた存在であるがゆえに、なおさら時間を大切にしなければならない。多くの人々がこのことに共鳴し、共感されるであろうが、しかし、現実社会においては、あまりにも尊い時間を浪費することが多いようである。

ところで、わたくしの研究の多くは人一倍時間を必要とするものであったと思うが、なかでもその完成後に、いかにも「時間を食われた」という感慨を深くしたものがある。着手してから完成まで三十余年の歳月を要した、『佛教語大辞典』の編纂である。

わたくしは昭和十八年、東大の助教授になったのを機に、わが国の過去の文人・学僧が仏教語をどのように大和言葉に直しているか、調べることを思い立った。既刊の漢訳語をそのままに用いた仏教語辞典は、説明に出てくる言葉が説明される仏教語よりも難しく、仏教の思想の理解には、とうてい役立ちそうになく思われた。しかし、少なくともわが国の祖先は、わかりやすい日本語に翻訳しようとして、ある程度まで努力したのである。そこでわたくしは、研究室の諸君の協力を得て、

昭和二十四年、『佛教語大辞典』の編纂に取り組みはじめた頃。自宅にて

平安時代以後の古典、和文の仮名法話など、五百巻以上の原典にあたり、仏教語がどのように解釈されているかを調べ、集録することにした。

この作業は戦争中の、雑用でさまたげられたが、戦後すぐの荒廃の中から着手し、昭和二十二年八月に『佛教語邦訳辞典』として完成した。戦後まもなくの物資不足の折から、それは紙質も悪く、しかも謄写板刷りで、五百ページほどのものであった。この辞典は古典における解釈の集成だけであったので、続いて不足を補い、充実したものをつくりたいと思った。それは翌二十三年から着手し、二十年をかけて、約三万語の原稿（二百字詰用紙約四万枚）を作成し、出版社から刊行する予定であった。ところが、ここに予期せぬ出来事が起こった。その年（昭和四十二年）の十二月の初めに、原稿が紛失したのである。

この出来事は当時、「盗難」と報道されたが、そうではなかった。事情はよくわからないが、その出版社の社長が当時重態で、人々がそちらに気をとられていたところへ、東京都から道路拡張のため移転命令が出て、その引っ越しの際の混乱のうちに、リンゴ箱に納めた原稿が失くなったのである。その出版社は八方に手を尽くして原稿を捜したり、テレビもニュースなどで呼びかけてくれた。また、廃品回収業者から製紙原料業者へ渡った可能性が想定されるということで、製紙業界も協力してくれたが、それはとうとう見つからなかった。

この事態に対してどう対処してよいか、わたくしは当惑したのである。無に帰した原稿のことをとやかくいうのは無意味であるが、まるで土足で顔を踏みつけられたような感じがしたのは確かである。一高時代の友人中村敏夫君は「早くやり直した方がよいと思う」とひと言いったし、原稿整理を手伝った家内も同じことをいっただけで、理由はいわなかった。わたくしが受けた傷に触れようとしなかったのである。わたくしは今さらながら、自分の受けた傷の大きいことを思い知らされた。

紛失した当時、人から尋ねられると、わたくしは反射的に「もう一度やり直します」といっていた。原稿執筆を再開したのは、一カ月後の昭和四十三年一月である。そのとき、まず東大印度哲学研究室の図書室に十数人の人々に集まってもらい、語彙・解釈の収集を依頼し、わたくし自身も原稿を書き始めた。

新たに稿を再開してから昭和五十年二月に『佛教語大辞典』が刊行されるまでの八年

間、編纂事業は幾多の段階を経過した。その詳細と、努力を仰いだ諸氏、および欣然とこれに参加してくれた若い学生諸君のことなどについては、辞典の「あとがき」にやや詳しく記しておいた。ここでそれを割愛させていただくのはいかにものびないが、わたくしとしては、ただただ、深く感謝するばかりである。

わたくしは一応、この集団作業を昭和四十四年に中止した。わたくしがあまりにも完成を急ぎすぎたがために基本的な資料の収集が不十分で、その結果、原稿に若干難点があることに気づいたからである。従来の辞書とは異なる、独創的な意味をもたせるには、他人の協力をあてにするという横着な態度はやめて、基本的な部分はやはり自分で書かなければならない。それから自分ひとりでやることにしたが、時あたかも学園紛争の熾烈なりし頃であった。教師は一団となって狭い一室に閉じ込められ、外から石をぶつけられたが、その片隅で同僚と紛争について憂えながら、せっせと原稿を書いていた。こうして集まった原稿を、当時自宅にできていた鉄筋コンクリートの書庫の中に置いたときは、前回の経験もあっただけに、ほっとひと安心したものである。

この八年間は、時間をひねり出すために他の方面を犠牲にするより仕方がなかった。

外国からの招待も、長期の旅行は全て辞退したし、東大以外の他の大学での講義は一切しなかった。原稿を確定する段階に至っては、集中を要するために、毎年欠かしたことのない学会発表をやめにした。たいていの会合を欠席したことも、悲しく辛い思い出である。時間をひねり出すための、まさに闘いであった。どうしても出席せざるを得ない席でも、たいてい早く失礼し、タクシーで長距離を飛ばして帰宅し、すぐに仕事にとりかかった。そうすれば三十分か四十分を捻出できるのである。それでも、一つの語の出典を調べるのに、同じ三、四十分を要することはざらであった。

こんなことを書くと、あるいは異常に思われるかもしれないが、わが家では昼夜を問わず、永年の習慣で玄関に鍵はかけないことにしていた。重い本を抱えて呼鈴を押し、内から鍵が開けられるのを待つのは、いかにもまだるっこく、時間の損失だと思われる。家内は不用心だと反対したが、泥棒が入るのは十年に一度くらいの割であろうから、彼に比べて、毎日帰宅するわたくしとしては、割が合わないことになる。泥棒は、十年ほど前だったが、確かにわが家に侵入した。しかし、貧乏学者の家には、奪うに物なく、ただ、売り先もわからないサンスクリットの重い書物などがあるばかりであるから、被害はほとんどなかった。ただ、書斎を乱されたのはいささか閉口したので、捜査にみえた警察官に、わたくしが散らかしていた部分と、泥棒が散らかした部分との境界を明示し、手帳に書きとめていただいたことを思い出す。

話は横道にそれたが、時間というものがまったく無駄な場面で消費されがちなことには、よくよく注意しなければならないと思う。瑣末にわたるが、わたくしには、インク壺にいちいち蓋をしない癖がある。ほこりや蚊などの虫が中に入っても、インクの機能にはたいして別状ないからで、それも凡庸の身が人々に伍していくために必要な時間を、すこしでもひねり出したいがためである。この種の行ないは多いほうなので、最初のうちは、家内から異常な男であるかのように見られていたようであるが、もとより、それを他人に強要する気持ちはまったくない。

話を戻す。『佛教語大辞典』は、多くの人々の協力と、多年にわたる温かい励ましと、わたくしの大変な時間の消費とによって、約四万五千語、二百字詰め用紙約十万枚の原稿に結実し、多年にわたる重荷をおろすことができた。編集事業には当然、膨大な資金を要する。わたくし個人も若干のまとまったものをつぎこんだが、友人中村敏夫氏が多額な私財を提供されたこと、その他にも多くの方々の有力な支援にあずかったことは、いちいち記しきれず、感謝と感激はいつまでも胸裏を去らない。

旧稿が紛失したことは大きな損失であり、不幸なことであったが、今となっては、そうとばかりいえない。わたくしは、ここにも、逆縁が転じて順縁になった一例を見る。新稿のほうが、学問的にははるかによくなっていることが確かであるからである。その理由の一つとして、旧稿では、出典を示すことを出版社が極度に嫌ったために簡単にしたが、この辞典ではできる限り明示されていることがあげられる。

この辞典は五十音の発音順をとらず、電話

『佛教語大辞典』の完成披露（インド大使館の参事官と）

帳方式をとったので、予想以上の手数と時間を要したが、結果から見ると、将来の学問的研究には役立つと思う。またパーリ語やサンスクリット語などの索引、およびチベット語索引をつけたことも、それぞれの研究者の間で喜ばれているようである。内容的には、われわれが日常使っている言葉が仏教でどういう意味に使われているか、という視点から、既刊の仏教辞典に出ていない言葉もたくさん取り上げた。その意味では、一般の人々や国語に関心をもつ人々にも使っていただけることと思う。いずれにせよ、平易な邦訳ばかりであるから、とかく難解だと思われている仏教思想を解きほぐす糸口としての辞典に使っていただければ、と願っている。

さて、わたくしはこの章でインドの思想に関して過去に手がけた研究の主なものを、きわめて大ざっぱに取り上げながら、学問の上で、あるいは読者への示唆になるかもしれないと思ったことを幾つか述べてきた。そこで次に、視野を広く世界に向けて、同様の手続きを踏もうと思う。許された紙数は残り少ないが、視座を拡大すれば、学問についての、また別種の参考意見を挿入することができるかもしれない。

学問とその使命

「賢者の対論においては解明がなされ、解説がなされ、批判がなされ、修正がなされ、区別がなされ、こまかな区別がなされるけれども、賢者はそれによって怒ることがありません」『ミリンダ王の問い』より

比較という手法

ものを書き残しておく努力を怠らないということが、少なくとも人文科学の徒にとって必須の行ないの一つであろう、ということをたびたび述べてきたが、著した書が巡り巡って、自分の人生行路に恵みを与えることにつながる例をも、わたくしは経験している。昭和二十三年に刊行した『東洋人の思惟方法』二巻が、それである。この書は、わたくしがアメリカの大学に招待を受ける端緒となった。また、東大を退官してから無位

無官無職でも何とかやってこられたのは、当時この書を読んで共鳴された人々がやがて有力者となるにつれて、わたくしを社会的に支持、協力してくれたためである。

この研究に入るきっかけは、戦前の昭和十八年にあった。この年、哲学の伊藤吉之助先生が、文部省の日本諸学振興委員会の委託を受けて「諸民族によって異なる思惟方法」の共同研究を主宰され、わたくしに参加するようにお勧めがあり、戦時のことと て、ゲートルをつけたまま学士会館や東大哲学研究室で論議を重ねた。この共同研究は敗戦とともに消滅したが、わたくしは興味あるテーマだと思って、その後も考察を続けた。

伊藤先生が最初にわたくしに課せられた問題は、「特に言語形式および論理学に表われたインド人の思惟方法」と「仏教思想の受容形態を通じて見たシナ民族および日本民族の思惟方法」の研究を主とするものであった。ところが、次第に思索考究を進めるうちに、このような問題についてどういう手続きによって研究を進め、どのような仕方で成果をまとめるべきか、わたくしは思い悩んだのである。すなわち、学問的正確さを期するためには、研究の方法についてはっきりした自覚がなければならない。その方法が、容易には見つからなかったのである。考えたあげく、わたくしは学問的に一貫性をもたせるために、次の方法によることにした。

第一に、各民族の思惟方法の基本的特徴が最もよく表われていると考えられる、「判断および推理の表現形式」について、インド人、中国人、チベット人、日本人、それぞれの思惟方法の特徴を捉えることにした。第二に、こうして捉えられた各民族の思惟方法の特徴が、それぞれの諸文化現象にどのように表われているか、を検討し明らかにしようとした。そのためには、特に中国、チベット、日本については、普遍的教説としての仏教が、どのような特殊な仕方で受容されたか（つまり、各民族の思惟方法の差異によって、それがどのように変容されたか）を問題とした。また、仏教を生んだインド人の思惟方法を論じる場合には、古代西洋人の思惟方法との比較論証を重視した。古代インド人と古代西洋人とは、民族的・言語学にも同一系統に属するにも関わらず、両者の間には明らかに思惟方法の差異がある。これを検討することは、この場合、特に必要と思われたからである。

このような方法で研究を進め、ひとまずまとめてみたのが、『東洋人の思惟方法』二巻である（この書は、その改稿版を昭和三十六年に四巻本で刊行した）。この研究はテーマがテーマであるだけに、実は多くの問題に論及した。その一つ一つの問題は、優に一冊の大著を要するほどのものであったし、おのずからわたくしの専門外にわたることが多かった。そのために、ある程度覚悟していたことであるが、専門家たちの間では評判の芳しからぬものであった。しかし、かなり多くの知識人に歓迎されたし、一部の読書人には衝撃を与えたようである。

この書に興味をもたれた人々の中に、「思想の科学研究会」の鶴見和子さんと鶴見俊輔さんの姉弟がおられた。そして、両氏のお世話で、「思想の科学研究会」の同人が、ロックフェラー財団から研究費の援助を得て、この書のうちの「序論」と「日本人の思惟方法」の部を英訳された。これがアメリカの知識人たちにも紹介され、学界の一部で関心をもたれるようになり、昭和二十六年、アメリカのスタンフォード大学から客員教授として招かれるという結果につながったのである。

この結果については、ここに、古い新聞記事（朝日新聞・昭和二十六年六月二十九日付）がある。「日本哲学の渡米」という、わたくしにとってははなはだ面映ゆい見出しがつけられているが、アメリカの関係者の名前も記載されているのでその一部を引用する。

東大助教授、文学博士中村元氏（三九）＝東京都杉並区久我山三の一〇八＝は、東洋の四民族――日、支、印、チベットの各民族が、それぞれの民族性に従ってどのようにこれを変えて受け入れているかを研究し、一昨年「東洋人の思惟方法」二巻を公にした。これがロックフェラー財団人文部門責任者チャールズ・B・ファーズ博士の目にとまり、同氏を通じてスタンフォード大学の哲学主任教授ジョン・ディヴィッド・ゴーヒン博士、同大学のA・F・ライト教授、シカゴ大学のチャールズ・W・モーリス教授などに伝えられ注目されるに至り、中村博士はスタンフォード大学の招きで八月渡米、同大学でゼミナールをもち、さらに冬から春にかけて講義を行なうことになった。……〔註＝実際に渡米したのは九月〕

日本がまだ占領下にあったので、こんなこともニュース種になったのであろう。ついでながら、一年後に帰国したときは、あたかも火星から帰還した人間であるかのように、人々から好奇の目を向けられたことを思い出す。いわゆる対日平和条約・日米安全保障

昭和26年、横浜港から出航し渡米（右端）

条約がサンフランシスコで調印されたのがその年（昭和二十六年）の九月八日である。それより数日前の九月四日、わたくしはかの国で入用だと思われる五十余冊の、いずれも分厚い書と、スーツケース一つを携えて、横浜港から船に乗った。その船はプレジデント・クリーヴランドという客船であった。船の中では暇にまかせて多くのアメリカ人たちと話をし、アメリカ人の気持ちというものを理解することができた。そうしてサンフランシスコに着いたのが同月十七日のことである。

港には、ずんぐりとした、目の大きな中背の紳士が迎えにきてくれていた。アメリカにおける東洋思想研究の開拓者とでもいうべき、スタンフォード大学のアーサー・ライト教授であった。ライト教授とはそれ以前にも文通があり、まるで旧知の人に会ったように感じられた。ライト氏は、大学都市パロ・アルト郊外の果樹園の中の大きな邸宅に住み、豪華な書斎で勉強していたが、机上の電気スタンドの柄が自由自在に動いたのは、戦後の当時としては日本に見当たらなかったので、羨ましかった。大学教授としては豊かな生活ができたのも、氏を〝cut off〟(勘当)した実業家の厳父の逝去とともに、莫大な財産が手に入ったからであるという。氏の業績は多いが、なかでもシカゴ大学で行なった「シナ史における仏教」と題する連続講演は、問題を的確に指摘した、非常な傑作である。ライト氏には、一学年滞在する間、宿を見つけることから始まって何から何まで面倒を見てもらった。

スタンフォード大学の巨大さは想像を絶したものであった。昔の奈良の都がそっくり入るほどの広さがあり、雨期にはそこに大きな湖が出現し、乾期には消えて失くなるという一事からも、そのスケールがおわかりいただけるであろう。皆が自動車を乗りまわし、バスはてんでこないという土地での生活は、まるで囚人のそれであった。

わたくしは第一学期(九月〜十二月)には、生活を慣らすことにした。美しいパロ・

アルトの町には、浄土真宗の開教師として田名大正《たなだいしょう》師が住んでおられた。師と夫人は、この日本からの遊子を毎土曜日の夕ごとに招待して、日本料理をご馳走してくださったが、その中でわたくしは、日本人の側から見たアメリカの社会というものについての手ほどきを受けた。大学では諸教授の講義を聴いたり、日本史を研究していたスミス教授にわたくしが日本史についての知識を伝え、教授から主として英語の手ほどきを受けるという、交換教授を行なったりした。また、隔週に哲学科の諸教授と、拙著『東洋人の思惟方法』の英訳に基づいて論議を行なった。

かくして、第二学期（十二月〜三月）にはインド哲学を、第三学期（三月〜六月）には仏教哲学を講義したが、聴講者は七、八人から十数人の間を上下していた。当地在住のイチハシ教授によれば、日本の大家が昔ハーバード大学で講義していたときには学生は三人しかいなかった、というから、この数は必ずしも少ないとはいえないといって喜んでくださった。

昭和二十七年六月、講義期間の終わったわたくしが、ヨーロッパを経てインドを廻り帰国したことは、既述したとおりである。実は、日本を出発する前、恩師宇井伯寿先生から、「洋行なんて一生に一度しかできることではない。外国の図書館には書物が揃っているから、長く滞在して勉強してくるがよい」こう、いわれていたのであったが、一方、当時の文学部長は、一年で帰るという約束を守ってくれと厳命され、主任教授も同意見であった。わたくしは板ばさみになって困ったが、一つの組織に属している以上それに従わなければならない。しかし、そのときに心中思ったことがある。「もしも、自分の学問が外国にとって必要ならば、また機会はあるであろう」と。

果たしてそのとおりになった。これを含めて今日まで、わたくしは四十八回ほど外遊している。そのうちアメリカには十九回ほど行っており、特に一九六六年（昭和四十一年）頃までは当地に赴き滞在する場合が多かった。そのわけは、アメリカが招請するだけの経済的余裕をもった国だったからであると思われる。その機会を利用してわたくしは、南アジアやヨーロッパを廻ることにした。

アメリカではいろいろの大学や文化団体を訪れたが、特に州立フロリダ大学の人々とは、心なごむつき合いを今日もなお行なっている。この大学はゲィンズヴィルという小さな田舎町にあるが、その地は日本的な人情に篤いところである。一九六一年（昭和三十六年）二月から六月まで、そこで講義したときの主人役であった宗教学者デルトン・スカッダー教授は、とかく金がものをいうアメリカにあって、明治の日本人のような清廉《せいれん》の風貌と気骨を備えた人としての印象が、強く刻まれている。その学問的業績は多々あるが、同教授が老人学の先駆者であることを知る人は少ないかもしれない。また、哲学者のチャールズ・モリス教授は、壮年の頃シカゴ大学で教鞭をとられたが、晩年はフロリダ大学で特別の待遇を受けて教えておられた。モリス教授は日本とイタリアでは特に知られており、わたくしが受けた学恩も深いのである。将来の人類のとるべき寛容、多様性を尊重した生き方を、仏教を根底として「弥勒《みろく》の道」と名づけられたことを、今は記しておくにとどめておきたい。

アメリカは、よかれあしかれ世界を動かしている国である。もしも、あの地で東洋思想についての理解の糸口が開かれたら、それは世界へ通じる道を開くことになるであろう。

『東洋人の思惟方法』は、日本のユネスコ国内委員会で、東西文化の相互理解の事業の第一着手として、その全文の英訳が計画され、一九六〇年（昭和三十五年）に公刊された。この書はすぐに売り切れてしまったので、改訳の議が起こり、一九六四年（昭和三十九年）にハワイの東西センターから刊行されたが、これは同センターの刊行書のうちでは最も大部のものであるらしい。今でもアメリカの諸大学では、教科書・参考書として使用されている。わたくし自身も、国内においてもそうであるが、特に外国において講義または講演する場合には、この書の中から材料を取った場合が少なくなく、そのたびごとに立論の再吟味や資料の再検討を行なってきた。その意味では、歳月の移るにつれて、わたくしとともに成長してきた書といえるであろう（韓国語と中国語とにはすでに三冊が翻訳されている）。

わたくしは、この研究を含めて、「比較」という手法によって解明する学問の開拓に微々たる力を注いだが、それは自分にとっては大変大きな部分を占めるのである。

「比較思想」とは何か

「比較思想」という言葉とその研究の趣意については、この書の中でしばしば触れてきたが、ここで、その方法論などについて、若干のことを記しておこう。そのためにはまず、一例をあげるのが理解の手順としてはよいかと思う。

例えば、仏教思想では「十二因縁」という、十二の項目からなる特有の教説の組織がある。すなわち、①無明《むみょう》②行《ぎょう》③識《しき》④名色《みょうしき》⑤六入《ろくにゅう》⑥触《そく》⑦受《じゅ》⑧愛《あい》⑨取《しゅ》⑩有《う》⑪生《しょう》⑫老死《ろうし》であり、これらの項目が順次に基礎づけ合っているという教えである。

人間には、まず、老い死ぬ（老死）という現実がある。そのもとには人間が生まれたということ（生）がある。その奥には、人間の執着（取）がある。その執着は愛執（愛）に基づく。その愛執が起きるためには、いろいろな印象を受けるということ（受）がある。……

仏教は人間存在をこのように分析していって、最後にわれわれの根本的な迷い（無明）があると説く。このような説明の仕方を、仏教では縁起説《えんぎせつ》といっており、その根本思想は、「これがあるとき、かれがあり、これが生ずるがゆえに、かれが生ずる」、また「これがないとき、かれがなく、これが滅びることによって、かれが滅びる」という、連鎖の関係を明らかにするところにある。そうしてこの根本的迷いを失くせば、おのずから人間の苦しみの生存も失くなる、というのが十二因縁の体系である。

この体系は仏教にだけ特有のものであるが、そこに含まれている項、例えば人間が老い死ぬということ（老死）、また、生まれるということ（生）、さらにずっとさかのぼって、人間の精神作用の奥にある迷い（無明）があるという、その一つ一つを取り上げると、これは東西のどの文化圏・思想圏でも問題にされていることである。つまり、それらは人間にとっての、普遍的な問題である。

「比較思想」がその「比較」の対象とするのは、このような普遍的問題、あるいは、一つ一つの時代を通じて東西で共通して問題になったことである。すなわち、そこにおける考察は、一つの思想潮流にのみ特有なもの（例えば仏教思想における十二因縁の体系）を対象から外し、共通の問題、あるいは共通の思想をピンでとめて、見取り図をつくるようなものである。または、諸問題の共通の分母を取り出して座標軸を設定する、といってもいいであろう（やや専門的にいえば、その考察の目標は、広い視野で眺めた「世界のもろもろの文化圏におけるもろもろの文化伝統において、平行的な発展段階を通じてみられる共通の問題の設定」にある）。

思想に対するこのような「比較」の手続きが、なぜ必要とされるのか。釈尊の普遍的思想は、異質の思想と対決して自分で考えるということなしには出てこないからである。別の言い方をすれば、思想に関する学問が真に生きたものになるためには、「わが説は真理であり、他人の説は虚妄である」という偏見を捨てて、人々が反省して互いに語り合うことが必要である。「比較思想」は、まさにこの期待にこたえるものである。いずれにせよ、われわれは哲学がギリシアから始まり、中世哲学を経てドイツ哲学や英米哲学において絶頂に達した、という呪縛から離れて、思想そのものをもっと広い視野から考察する必要があるが、そのためにはどうしても、「比較」という手順を踏まなければならない。

比較思想という言葉は、一般の人々にとっては耳新しいかもしれないが、その試みは非常に古い時代から行なわれてきた。異質的な、あるいは異なった伝統をもつ思想に注目すべきであるということが、すでに哲学の本家本元である、とギリシアでいわれている。例えば、シリアの大使としてインドに派遣された、ギリシア人のメガステーネス(西紀前三〇〇年頃)は、「ギリシアの古人たちが自然について説いた全てのことを、ギリシア以外の哲学者たちもまた説いている。すなわち、インド人たちのもとではバラモンたちによって、また、シリアではユダヤ人によって」（『インド見聞記』）といい、ギリシアの哲学によく似た哲学が、インドに存在することを人々に知らせようとした。

ヘレニズム時代（前三〇〇前後〜前五〇）以降、東西の交流は絶たれ、中世になると西欧の思想はインドや中国とは関係なく進んだ。そして、それぞれの文化圏は別々の発展をたどるようになった。しかし、十七、八世紀以後に東西の交渉が盛んになるとともに、東西文化の異質性が注意されるようになった。さらに、十九世紀以後、特に二十世紀に入り、世界の諸民族・諸文化圏が互いに対立抗争しつつも全体として一つのものになってくると、諸思想潮流の比較考察が叫ばれるに至った。これを外国では、「比較哲学(Comparative Philosophy)」と呼ぶ。

わたくしは、このような比較哲学ないし比較思想の諸研究が、海外でどのように行なわれてきたかを紹介することを主目的として、『比較思想論』という書を刊行した。日本の学者は外国崇拝の傾向があるから、外国の学界の情勢を紹介すれば、すこしはこの研究の必要性に耳を傾けてくれるだろうと考えたのである。

それでは日本で比較思想の試みをした人はなかったかというと、これは確かにある。

ことに代表的なものは、空海《くうかい》（真言宗の開祖。七七四〜八三五）の『三教指帰《さんごうしいき》』という書である。この書は儒教・道教・仏教の思想を批判し格づけを行なっている、実に偉大な比較思想研究の書と見ることができる。その他近世では江戸中期の思想家・富永仲基（一七一五〜一七四六）が『出定後記』『翁の文』などで異なった諸宗教思想体系の比較考察を行なっていることが注目される。

日本における比較思想研究の動きも無視できないので、わたくしは、ことに明治維新後の近代においてその試みを行なった何人かを取り上げて、『比較思想の先駆者たち』にまとめたことがある。これらの「先駆者」たちは、いずれも、「比較思想」という語を用いなかったが、ただ漫然と西洋思想を日本に紹介するだけでは満足できなかった人々である点で一致している。たまたまここに取り上げた人々は、思想をグローバルに捉える必要を痛感していた、いわば「地球志向」の思想家ばかりである。

ところで、比較思想の目的の一つは、世界平和の実現のための手がかりを供するところにある。というと、人々はいささか唐突の感を受けられるかもしれない。しかし、この研究は究極的には平和実現のための手がかりをめざすものであり、その使命を離れては、将来への展望も見失われてしまうであろう。わたくしはここで、平和論ないし文明論に論及するつもりもなく、また、それに費やす紙数ももたないが、平和と比較思想研究との関わりについてだけ触れておく必要を覚える。

平和への道

人文科学は過去・現在・未来にわたる「人間」を研究する学問であるが、その成果は「自分自身がどのように生きたらよいのか？」という、なんぴとにとっても差し迫った問いに対して教示することにつながらなければならないという、あえていえば、「使命」をもっている。ところで、その自分自身——自己は、無数に多くの人々との関係において存在するのであって、まったく切り離された自己というものはあり得ない。このことを自覚するならば、「いかに生きるべきか？」にこたえようとする人文科学が、同時に、社会を、世界を、地球を、問題としなければならないのは当然である。

文明の発達により、いまや地球は、一つの「島国」のようになった観がある。われわれはその「島国」がいやでも、現在の段階では、他の惑星に逃げて行くわけにはいかない。文明の発達は地球を「狭く」し、世界を一つの方向へ進めつつあり、われわれはその中から逃げることなく、そこに発生する諸問題と対処しながら、「いかに生きるべきか？」を自分自身考えていかなければならない。こういう現代の抱える大きな問題の一つは、「人間が人間でなくなった」ということである。まことに荒っぽい表現であるが、この言葉は次のような意味を含んでいる。

過去において、人間を最高のものとみなしていた近代的なものの考え方（思惟）は、現代には重大な危機に直面することになった。人間がつくり出した社会組織と技術文明ゆえに、人間が個性を失って平均化してしまったからである。技術の進歩は人間のあらゆる側面を物量化し、測定し、そのあげくに、人間そのものを物量化する方向へと進んでいる。そこにおいては、物量化的視点からのみ価値が計られることが著しく、人間各個人も、計量され数えられる一つの単位としての意義しかもたなくなる。そして、人々自らも、物量的に測定されうる利害得失の損得計算をたえず考えなければならないから、人間の感情の豊かさ柔軟さが失われる恐れがある。これを「人間が人間でなくなる」と表現するのは、決していい過ぎではないと思う。今後その物量化の方向がますます進めば（おそらくそうなるであろう）、ただ平均化された物量的な人間の集団としての「公衆」だけが残ることになる。それはもはや、人間の姿をしていながら「人間」であることをやめてしまった、単なる生物の集合体でしかないであろう。そうして人間は、物量化につれてますます複雑になる社会の組織、機構の中で、鉄の牢獄に入れられた奴隷のように、厳しい制度に束縛され、無数の法律に拘束されながら生きることを強要される。心の平安とか、豊かな感情とかいうものは、もう、その段階では望むべくもない。

われわれはここに、「真の個人とは何か」を問題としなければならない。「人間回復」が問題とされなければならないのである。

さらに、もう一つの大きな問題がある。近代文明の機械技術の進歩には、なるほどめざましいものがある。しかし一方、人間の精神面、心理面はどうかというと、そこには、たいして進歩、変化は見られないのである。そのために、機械技術を駆使する物資的・経済的な側面と、それを使いこなす人間の精神面・心理的な側面とが乖離《かいり》する。その乖離がますますはなはだしくなり、両者の距離が大きくなると、そこからは、計り知れない破壊と荒廃が生じる。それは、例えばボタン一つで全人類を滅してしまう、あの途方もない破壊力をもった爆弾のことを想起すれば、十分であろう。

われわれは人間として生まれてきたのであり、人間としてこの地球の上で死んでいくのであるから、現在当面しているこのような問題を、われわれ自身の問題として考えなければならない。われわれの未来はどうなるのか。何をどのようにめざしたらよいのか。ことに、人間には行為に関しては選択、決定をなす能力がある。〝A〟の道を行くか〝ノンA〟の道を行くか、その選択をなす振幅が、高等動物よりももっとはるかに大きいと考えられるから、そういう視点から未来の問題を考えることが大切になる。

このような問題は、われわれの手に負えないものであるといわれるかもしれない。これらはまことに複雑な要素をもっており、世界の政治・経済の指導者でさえも、この問題を前に当惑しているが、しかし、原則的には、非常に簡単なことで解決できるとわたくしは思っている。

その原則とは、「他の人を傷つけない」ということである。なんぴとにとっても生命が最もいとしいものであり、最も大切なものであるから、この生命を傷つけることは最大の罪悪である。古代の仏教から今日まで、この原則を「アヒンサー（不傷害）」と称してきた。ところが、現代では、このわかりきった原則が忘れられ、蹂躙《じゅうりん》されているのである。文明の進歩が、とかくエゴイズムに駆られがちな人間の我執を、ますます深くしたのも理由の一つであろう。仏教における「無我」の教えは、もともと、我執を離れなければならない、という教説であったはずである。それは別の側面からいえば、他人の身になって考えることであり、同情であり、共感的であり、愛情であるといえる。仏教では、これを「慈悲《じひ》」と呼んでいる。

この立場に立って考えるならば、多くの難問も、おのずから解決の方針を見出すことができるに違いない。現に、一つの国、一つの民族では、この精神に基づいて解決がなされてきたし、現在でもなされている。しかし、このことがまだ世界全体にわたって配慮されていない。そこで、国々の対立抗争を超えた、普遍的なコスモポリタン（世界市民）としての自覚が必要になってくるのである。アメリカの大統領ウィルソンは、国際連盟をつくった。それが失敗して、第二次大戦後には国際連合が成立した。それも種々の欠点があるので、将来にはより良き組織がつくられねばならない。

家や国にとらわれることなく、世界をわが家とする一所不住の修行僧のことを、仏教では「四方の人」という。漢訳は「招提」であるが、これを英訳すれば、コスモポリタンということになる。今後、世界に必要なものはコスモポリタンの思想、四方をもってわが家となすという理想であろう。それによって、世界共同体が成立しうる。世界共同体といっても、それは何も世界を一様にするという意味ではない。各民族の多様な文化の伝統をそれぞれ継承し、その特性を生かしながら、その中に〝和の精神〟を実現するものである。今後の世界において指導的な意味をもってくるものは、われわれの祖先が実践的に理解していた、〝和の精神〟であると思う。

「世界平和」という、現代の人間の最も重要な任務の一つは、今や、以上述べてきた理想の実現なしには、永久に達成され得ないであろう。そして、〝和の精神〟のもとに諸民族が協力し生きていくためには、それぞれの文化の相互の理解がなされなければならない。さらに、そのためには人類の生んだ過去のもろもろの思想の対比検討と相互批判の必要が生じてくる。

こう考えれば、「比較思想」というわれわれの日常生活に一見無縁に見える研究が、実は、世界平和実現のための有力な手がかりになるものだと理解されるであろう。それは平和への道の門を開くものであるといってもよい。

比較思想の展望

比較思想（外国でいう広義の「比較哲学」）には、同じ西洋思想の伝統の中に現われた異なった思想潮流を比較することも含まれるが、この種の研究としては、東と西の哲学思想を対比し論証することが、最も意義深いであろう。このような東西思想の対決をめざした研究は、アメリカでは一九三〇年頃からぼつぼつ現われたが、何といっても大規模に出発したものとして注目されるのは、一九三九年にハワイ大学が主催した第一回の「東西哲学者会議」である。

太平洋の真ん中に浮かぶハワイの島は、東と西の中間に位置し、アメリカの領土でありながら東洋人を初めとして諸人種がいりまじっている。さながら東西の文化の接点を思わせる風土や人種構成が、ハワイの大学でこのような試みをなした一つの理由であったと思われる。この会議は五年ごとに開かれ、わたくしは一九五九年（昭和三十四年）の第三回から第五回まで出席したが、いずれの場合も夏休みの六週間の長きにわたった。

毎日午前中にはサマースクールがあり、毎回講義しなければならなかったし、午後は休憩、または相互のディスカッションか見学、夜はシンポジウムという日課で、相当忙しい。

主宰者のムーア教授は早口で、熱すると朱気が顔面にひろがり、その話ぶりはまるで「ワウ・ワウ・ワウ」と猛犬が遠ぼえしているように聞こえた。わたくしはこの会議の編成委員として、また同教授の主宰した「東西哲学」誌の共同監修者として多年協力してきたが、東西思想の対決に一生をささげたこの哲学者の姿が、もう見られぬかと思うと、さすがに淋しい。ムーア教授の没後は大規模な東西哲学者会議は消失し、小規模なものになってしまった。もっとも、一九八四年（昭和五十九年）からはまた急に賑やかになり、その年の一月には、ハワイ大学の宗教学科が中心になって「キリスト教と仏教との対決の会議」が開かれた。ハワイにある幾つものコレッジを使って、多数の部会や講演会が催され、わたくしも出席して、公開講座を行なった。

ところで、インド人として東西思想の比較研究を行なった人として最も注目すべきは、ラーダークリシュナン（一八八八～一九七五）である。彼は南インドのアンドラ州のバラ

第３回の「東西哲学者会議」に夫人と参加。ハワイで

モンの家の生まれ、諸大学の哲学教授を歴任したのち、一九六二年には大統領になった。ラーダークリシュナンが西洋に認められたのは、彼の書物が全て英語で書かれていたためであるが、ことに彼を世界的に有名にしたのは、その大著『インド哲学』二巻である。これはインド人の立場でインドの諸哲学を説明し、かつ、それを「西洋思想の伝統の焦点のうちにもたらす」ことを心がけた書である。このように比較考察によって、彼は人間そのものに迫った。それはこの書の中の、「人間的であるがゆえに、インド的でもなければヨーロッパ的でもない人間の心の親しい鼓動を感じる」という文章にも表われてもいる。彼はまた、こうもいっている。「未来の世代をして世界市民たる

べく訓練する」と。

世界的なこのような大きな比較研究の流れに比べて、わが国では西洋哲学、中国哲学、倫理学、宗教学、美学といった風に哲学研究が細かに分かれていて、相互の連絡がなく、比較研究がまるで行なわれていなかった。わたくしの『比較思想論』は、諸思想の比較研究が日本において盛んになるための一刺戟剤となれば、と思い提示したものであるが、反響はほとんどなかった。

ところが、昭和四十七年頃から奔流のような動きが始まったのである。学界の海外との交流が深まるとともに、世界の潮流がわかってきて、比較文化論を始めとする比較研究の隆盛がようやくわが国の学界にも押し寄せてきたのであった。

哲学・思想の分野でその発端となったのは、比較思想を基盤とする社会教育原理の必要を主唱してこられた医学博士の松尾宝作氏の動議提出である。松尾博士は金沢大学に社会教育研究室を寄付したりした篤志家であり、また篤学の士であるが、日本印度学・仏教学会に比較研究の必要を訴えてもいっこうに取り上げてもらえない。そこで、わたくしに、関心を同じくする人々と語り合いたいといわれたので、お世話した。すると急に賛成者が増えたのであった。昭和四十八年末に「比較思想学会」設立の世話人が集まり、学会設立が決められたかと思うと、翌四十九年には、創立大会開催の運びとなり、気がついたときは五百七十六人の人々が会員となっていたのである（現在は九百人以上に達している）。それからは毎年どこかの大学で大会が開かれ、「比較思想研究」という機関紙も、すでに十三号刊行されている。

わたくしは『比較思想論』という題名の書を著した最初の人であるという理由から、創立以来、会長に推挙されていた。会長の職は同一人は長く占めていてはよくないと思い、辞任を申し出たが、なかなか皆が承知してくれない。昭和五十八年、ちょうど十周年記念大会のときにこれが好機だと思い、役員会にことわって、大会の講演の中で、もうあとへ引けないように「これが会長としての最後の講演です」といい切ってしまった。

わたくしはその講演の中で、このように明言した。

「私は辞任しても、決してこの学会を見捨てるのではありません。決してこういう研究をやめるわけではありません。みなさんのために一番槍となります。昔の城攻めのときに、一番槍は多くの矢を受けて必ず死にます。しかし、その勇気ある行動によって城攻めの道が開かれるのです」

ところがある人はこれを「一本槍」と聞き違えて、〝一本槍宣言〟に感心したと書いて寄こした。ついてくる人もいない孤影悄然たるわたくしの姿を想像したものであろう。しかし、比較思想の必要を唱え出した頃は「一本槍」であったが、今では「一番槍」に近くなったものと思うのである。今後いろいろの紆余曲折はあるであろうが、わたくしのめざしている方向の動きが、やがては必ず本筋のものになると確信している。

特殊化と普遍化

比較思想研究の方法は確立しているかというと、まだ混沌とした状態にある。今後の研究の手順としては、二つの方向が考えられる。

第一は、「特殊化」の方向である。具体的には、ある特殊な民族の哲学的思惟の特性を明らかにする、空間的ないし風土的な特殊化、さらに東西諸民族に通じる同じ時代の思想、あるいは思惟の特性を明らかにする、時間的ないし歴史的な特殊化をいう。

第二は、「普遍化」の方向である。例えば、唯物論といえども、これは東洋のものとも西洋のものともいえないので、これをひとまとめに考究するという具合に、空間的・風土的あるいは時間的・歴史的な差異を超えて、同種類の哲学思想や考え方をひとまとめにし、そこにおいて異質的なものを対決させる方法である。例えば、「霊魂は存在しない」ということを東でも西でも唯物論者たちは主張した。しかし、そのニュアンスはいろいろである。

わたくしの『東洋人の思惟方法』は、第一の方向のうちでも、空間的・風土的に、特に東洋諸民族の思惟の特性を明らかにしようと試みたものとして位置づけることができるかと思う。最も、西洋の哲学とは一見無関係に見える東洋人の思惟方法を顧慮することは、西洋の哲学思想に対しても「批判的」となり得ることなのであるが、その理由について述べるとやや専門に立ち入ることになるので、ここで省略する。

さらに拙著『世界思想史』七巻は、第一の方向のうちでも、時間的・歴史的に（つまり発展段階ごとに）世界の諸思想潮流の思想の特性を解明することによって、人類の思想史全体の見通しを立てようとしたものである。ただし、その考察の方法の中には、例えば、古代アジアのある思想の特性が近代西洋のある思想の特性と似ている場合には、それを指摘したので、部分的には第二の方向（普遍化）に含まれる方法を用いたことは、ことわっておかなければならない。その方法を詳述すると、これまた長くなるので触れないが、いずれにせよ、『世界思想史』は視野を広く世界にとり、比較という手法による普遍的な思想史を試みたものである。

この研究に着手することになった直接のきっかけは、一九六三年（昭和三十八年）九月から翌年一月にかけて、ハーバード大学で講義を行なったときにあった。同大学の世界宗教研究所所長のスレーター教授のはからいによって行なったその講義は、「初期ヴェーダーンタ哲学」についてのもので、特に目新しいものではなかったが、その期間に四回の公開講演をしなければならなかった。これがわたくしにとってはなかなかの重圧であった。夕べの講演の前に公のディナーがあり、また、一回ごとに有名教授が大げさにわたくしの仕事を紹介するという、ものものしい物見せ興行のような感じである。わたくしは思い切って、広い視野から見た「東と西における諸宗教の平行的発展」ということについて講演することにした。そして滞在中、ハーバードの図書館の文献の豊富なことをよいことに、このテーマを発展させ、大きく原稿にまとめたのである。その後、スレーター教授が来日されたとき、この原稿を削除したり加筆したりして、いちおう手短かなものとして完結しておいた。

この原稿はその後、世界の宗教の叢書を計画していたデリーの「イスラムと現代協会」から、『比較の視点から見た仏教』という一冊の書として刊行された。しかし、その協会の中心であるフセイン博士の没後は活動ができなくなったので、近くデリーのモティラル書店から刊行されることになった。

それはともかく、「東と西における諸宗教の平行的発展」を一テーマとして、わたくしが提示したかったのは、人類の思想史全体の見通しである。比較による普遍的な思想史であり、それはわたくしの〝夢〟の一つであった。そのことはすでに、『比較思想論』の中に、「普遍的思想史の夢」として記しておいた。人類の平和と幸福という目的を達成するには、世界諸民族の相互の理解を促進しなければならないが、それを実現するために、比較思想研究を一歩発展させて、普遍的思想史をまとめる必要がある。そういう意味のことを、わたくしは述べておいたつもりである。

ハーバード大学での講演に端を発した原稿は、米国の諸氏の協力を得て推敲を重ね、英文で、『平行的発展——比較思想史 Parallel Developments—A Comparative History of Ideas 一九七五』として刊行された。またそれに索引を付し、訂正を施した書『A Comparative History of Ideas』が、一九八六年にロンドンのルートレッジ・アンド・ケガン・ポール社から刊行された。わたくしはそれだけでは満足できなかった。さらに改稿を続けて、かくて邦文で刊行したのが、『世界思想史』七巻（古代思想・普遍思想上下・中世思想上下・近代思想上下）である。

これをまとめようと思ったのは、東大在職中の終わり頃からであったが、広い視野から見た研究を行なうという熱情は、すでに大先達の先生方から植えつけられていたのである。その中には、東京高等師範付属中学で、当時としては希有の例とされる「世界史」という科目を教えていただいた中川一男・木代修一の両先生、広い視野で独創的な研究をされていた一高時代の恩師亀井高孝先生の感化がある。これらの先生から与えられた熱情は、世界思想史の実現という、ある意味では無暴な試みの、いかに支えとなったことであろう。

ところで、「比較」という手法によった書は、この他にも幾つか刊行しているが、その中には英文で書いた『日本思想史　A History of the Development of Japanese Thought 一九六七』がある。

わたくしは、邦文では「日本思想史」という種類のものを書いたことがない。日本に専門の大家が幾らでもおられるからであるが、英文でそれを依頼されることは、それまでにもしばしばあった。たまたま一九六一年（昭和四十一年）、国際文化振興会の方が見えて、「いままで、英語で書かれた日本思想史が一冊もないから、書いてくれ」と依頼された。わたくしが決して適任でないことは、双方がよく承知している。わたくしは辞退したが、「もしもあなたが来年三月までに書いてくれないと、予算の資金は政府に没収され、今後政府は、資金をくれなくなるだろう」といって、切に希望されたので、外国での講演原稿で未発表のものを編集するだけなら何とかなると思って着手した。それが英文の『日本思想史』として刊行されることになったのであるが、やはり骨が折れたし、迷惑もかけた。

わたくしはこの書において、聖徳太子《しょうとくたいし》（五七四〜六二二）時代の日本を世界史的レベルで普遍国家として捉え、聖徳太子をインドのアショーカ王（在位前二六八頃〜前二三二頃）

などとともに、その普遍的国家の統治者の典型として見た。中世においては、中世のキリスト教とインドの宗教とを比較考察し、近代（わたくしはほぼ十五世紀から現代に至るまでの時期を「近代」と呼ぶことにしている）においては、キリシタン伝来によるキリスト教と仏教との出会い、その他、江戸初期の禅僧鈴木正三《すずきしょうさん》（一五七九〜一六五五）のキリスト教批判や、日本の古き比較思想家ともいうべき富永仲基の哲学などを取り上げた。

鈴木正三や富永仲基については、のちに邦文の『近世日本の批判的精神』に論述したし、また、英文『日本思想史』と重なり合うものとして『日本宗教の近代性』という本も書いた。これはやがて、ドイツ訳で『日本の諸宗教における近代的思惟の萌芽 Ansätze Modernen Denkens in den Religionen Japans 一九八二』として、オランダのブリル社から刊行された。

比較という手法をとると、日本思想も新しい視点から見直すことができる。わたくしのそれは、そのささやかな試みにはなったであろう。わたくしがこれまで刊行した書の中には、このように、まず外国語で書いたものを、さらに加筆し発展させ日本語で書いたもの（例『世界思想史』）や、その一部を考究し肉づけしたもの（例『日本宗教の近代性』）も少なくない。外国語で著したものを土台にして、自国語の本を書くという、尋常とは逆の手順を踏んだのであるが、このようなことは、外国の学界においては決して珍しいことではない。

あるとき、アメリカ人のある哲学者が、こんなことをいった。「日本という国は、どうも不思議でならない。明治維新以後、諸外国との交渉がこんなに盛んになったけれども、しかし、日本の哲学者で外国語によって自分の書物を著した人は一人もいない。あるいは、外国語に訳してもらおうとつとめた人も一人もいない」と。これが的を得ているかどうか、詳しく調べてもみないが、外国からそのように見られていることは事実である。

ところが、今から千年も前の日本には、自分の学問をあえて本場にぶつけようとした人がいた。日本浄土教の教義の基礎をつくった『往生要集《おうじょうようしゅう》』の著者・恵心僧都《えしんそうず》源信《げんしん》（九四二〜一〇一七）である。『往生要集』が日本人そのものに与えた影響の一つに、「地獄」と「極楽」との対比の観念がある。インド思想や一般の仏教では、諸々の地獄に対立するものは諸々の天の世界であり、「極楽」とは後代の大乗仏教で考えられるに至った、多数の仏国土のうちの一つにすぎない。すなわち、「地獄」と「極楽」とは本来、対蹠的なものとしては結びつかないのであるが、われわれ日本人の間では、両者が対比的に表現されることが定着している。それは『往生要集』に影響されるところが大である、と考えられる。

この書は漢文で書かれており、源信自身が最初に述べているように、諸経論の中から浄土に関する要文を取り出して集めたので、全体の三分の二は経論の文句の引用である。源信は、恐ろしく博学な人であった。しかし、彼の引用した経論の文句を、彼は忠実に正しく理解したか、というようなことになると、源信以上に漢文の読解に自信のある学者でない限り、これを考究するのは容易なことではない。

しかし、ここに一つの道がある。源信の引用した経文を、南アジアに伝わった古代インドの諸言語で書かれた原典の原文と、いちいち比べてみるのである。これはなかなか興味のあるテーマで、わたくしは拙著『往生要集』でそれを試みたことがある。この手続きは、いろいろの発見をもたらしたが、例えば、原文の意味するところと異なった源信独自の解釈には、源信自身の思想が認められて興味深かった。
ところで、その『往生要集』の最後にある、宋の周文徳に与えた手紙の中で、源信は次のようにいっている。

それ一天の下《もと》、一法の中、皆四部の衆（＝出家している僧と尼、世俗の信者の男と女）なり、いづれか親しく、いづれか疎《うと》からん。故にこの文を以て、あへて帰帆《きはん》に附す（＝中国へ帰る船に託す）。そもそも、本朝にありてもなほその拙《つたな》きを慙《は》づ。いはんや他郷に於をや。しかれども、本より一願を発《おこ》せしことなれば、たとひ誹謗《ひぼう》の者ありとも、たとひ讃嘆する者ありとも、併《ならび》に我と共に往生極楽の縁を結ばん。

ここには、源信が自分の考えをあえて学問の本場で展開しようとした、なみなみならぬ決意のほどが表われている。彼はまた、『因明論疏四相違略注釈』（上・中・下三巻）の最後にも、「私は日本でこういう書物をまとめたけれども、これを中国本土の慈恩寺へ送り、慈恩大師窺基（六三二～六八二。中国に仏教の論理学すなわち因明を導入した人）のお弟子たちに教えを請いたい」という意味のことを記し、やはり中国の旅人に託している。『往生要集』は宋に送られて、かの地の僧呂の検討を受けたという。それがどこまで事実であるかは検討を要するが、明治維新以前の日本の思想家で、アジア大陸において評価を受けた人が絶無に近い中で、源信に見られる、いわば「普遍性志向」は、日本の思想史において非常に重要である。わたくしはその重要性を思うと同時に、学問の本場で「誹謗」されることを恐れなかった彼の心意気、勇気に大いに打たれるのである。

もはや、学問の成果を自国の狭い世界に閉じ込めておいてよいという時代ではない。われわれは外に向かって自分の学問、ないし学説を、積極的にひろめようとしなければならない。それも学問の使命の一つと考えるが、それは源信に見る勇気と確信がなければならないであろう。この章で主として取り上げた比較思想研究も、そのような勇気をもってこそ、発展が期待されることはいうまでもない。

終わりなき開拓

「寒さと暑さと飢えと渇きと風と太陽の熱と虻と蛇と――これら全てのものにうち勝って、犀の角のようにただ独り歩め。あたかも肩がよく発育し斑紋ある巨大な象が、その群れを離れて、欲するがままに森の中を遊歩するように、犀の角のようにただ独り歩め」『スッタニパータ』より

人間の回復、学問の回復

定年退官を迎えた昭和四十八年の一月二十九日、わたくしは三十年間の教職に終わりを告げる最後の講義を行なった。東大の文学部二番大教室で行なったその最終講義は、「インド思想文化への視覚」と題するものであった。わたくしは最初に、「インド学は《エジプト学》か？」という問題を提起して講義を進めた。

西洋のいわゆるエジプト学者は、古代エジプト文明をまったく死滅した文明、過去の遺物として研究する。その文明は、彼らにとっては何ら共感も親近感も感じ得ない、異質的な存在にすぎない。その態度は、西洋のインド学者がインドの文明を研究する場合と、ほぼ共通するのである。なるほどインドには、エジプト文明と違い、過去からの文化的伝統が少なくとも部分的には一般民衆の間に生きている。しかし、彼らインド学者は、それを古代インド文明の「残滓《ざんし》」にすぎないもの、やがて西洋文明の浸透とともに捨て去られるべきものだと考えた。すなわち、ヨーロッパに発達したインド学の態度ないし研究法は、エジプト学のそれと、本質的に違いはないのである。

昭和四十八年、東京大学文学部二番大教室での最終講義

このような批判とともに、わたくしは

自分の研究に対する自己批判を含めて、将来、インド思想文化の研究をどのような方向に発展させるべきか、若い人々へ希望を語ったのであった。

かくて退官するや、わたくしは、それ以前に設立されていた財団法人「東方研究会」を母体とした、公開講座としての「東方学院」を開講するに至った。東方研究会が文部大臣から財団法人設立の認可を受けたのは、昭和四十五年十一月十二日のことである。昭和四十三年から始まった『佛教語大辞典』編纂事業のために集まったグループを、仮に東方研究会と称していたが、ある程度財政的にも見通しがついたので、財団法人にしようという議が起こったのである。「東洋思想の研究およびその成果の普及」を目的として文部省に申請したが、こちらの弱点をギュウギュウ指摘されたことを思い出す。しかし、その許可に備え、一高時代の友人たちの協力を得て、理事や監事などに錚々たる方々の就任を請い、格好をつけてもらった。

理事長には文部省の指示どおり、僭越にもわたくしが就任した。内外の事例を見ると、特定の企業に頼ることは問題である。そのわけは、企業は好景気のときはよいが、事業が不況になると、収入にならない文化事業を真っ先に切り捨てる。その点、学者は当人が生きている間は石にしがみついてでも続けていく。もちろん、わたくしは無一文であるが、全国にわたる共鳴者、篤志家の声援が大きく、教育家、宗教家（仏教宗派ばかりでなく神道、キリスト教にまでわたっている）、実業家、主婦までも後援されて、これらの方々のおかげで今日まで何とか続いている。貧乏学者のつくった「財のない財団法人」――これは失敗しても（皆さまのおかげで今日のところ安泰であるが）、一つの実験になるであろう。

その東方研究会の事業の一つとして、退官とともに始めたのが東方学院の開講である。名称はいかめしいが、わたくし自身は人と話すとき、これを「寺子屋」と呼ぶことが多い。文字どおり、小さな私塾である。わたくしが身のほどをわきまえず、このような財団法人の設立を思い立ち、それを母体として私塾などの事業を行なうようになったのには、種々の経緯がある。

いったい、人文科学の研究というものは、実験の結果が研究のとおりであれば認められる自然科学と違い、一般の人々にはもちろん、学界においてもすぐには認められないことが多い。そのために、人文科学の研究にたずさわる者が苦難の道を歩まねばならぬという運命は、わかりきっていることであるが、この世界にも、やはり衝撃的な事件が起きることがある。

わたくしが大学院に入り、貧乏に喘いでいた昭和十一年頃、八年ほど先輩にあたる遠藤二平氏が自殺したのである。遠藤さんに会ったことはなかったが、『大乗広百論釈論』という難解な仏教哲学書の国訳で、すでに業績を認められていた仏教学者であることは知っていた。「なぜ?」ということが、仲間の間で問題になった。ある人に尋ねたところ、「そりゃ、食えんからでしょう」と、わかりきったことを聞くなといわんばかりに答えが返ってきたが、「精神的な悩みもあったかもしれない」とも、その人はつけ加えた。遠藤さんは無職だったのである。別の人は、「先生たちがもうすこし面倒見てくれたらよかったのになあ」といった。だれもが、自分たちを待ち受けている運命かもしれぬという面持ちで、それ以上この事件に触れることを恐れているように見えた。

この事件は、わたくしがそれ以前から漫然と考えていたことを改めて痛感させたのである。学問といえども、特に精神面の研究は人の悩みを解決できなければ、意義に乏しいのではないか。それは直接に役に立たなくても、どこかで人生の深刻な問題につながっているはずである。そして、その目的を達成するには、人々が手を結び、助け合う必要があるのではないか。わたくしは多くの人々から恩恵を受けていたので、なおさらそのことを強く感じたのであった。研究者が物質的にも精神的にも助け合えるような集いのようなものが、その頃から、おぼろげに空想されていたのかもしれない。

しかし、研究者の養成ということを体験的に痛感させたのは、戦後のことである。昭和二十六年、平凡社社長であった下中弥三郎氏は、インド精神に傾倒し、大倉精神文化研究所の建物の中に「大倉山学院」を創立し、わたくしに指導を委嘱された。下中翁が極東軍事裁判のインド代表判事R・パール博士の「日本無罪論」にいたく共鳴されたのがきっかけであった。わたくしは東大での勤務の余暇にこれにたずさわったので、十分のことができなかった。やがて、大倉山学院は解消されたが、この短期間の関係諸氏の熱意ある活動にまじわる中で、研究者の養成の必要を深く認識したのである。

研究者が助け合う、あるいは研究者を養成するということとともに大切なのは、研究者が共同の場で学問の上でまじわることであろう。その意味では、昭和三十九年に東大で「文化交流研究施設」という、文学部の研究者の共同研究の機関が設立されたことは、喜ばしい経験であった。

その二年ほど前から、東大では研究の間の障壁を取り去って風通しをよくしようという、学制改革の動きがあった。やがて昭和三十九年に、意外なことにわたくしを文学部長にすることを、先任諸教授が決められた。改革の方向に賛成していたというのが主な理由であったらしいが、事務的に不向きなわたくしは途方にくれた。その年、たまたま文学部では諸講座の充実・拡張という動きがあり、当時の大河内一男総長の好意ある計らいにより、文学部教授会が一致協力して開設したのが、「文化交流研究施設」である。ここに新しい理念をもって研究室の間の交流が実現したのであるが、ただ、政府の方針である講座制の制約があるために、初期の理想は必ずしも達せられなかった。

学部長の任期を終えたら、まもなく学園紛争が始まった。わたくしの研究室には何らの騒ぎもなかったのに、諸方面が紛争にまき込まれたために、研究室へ足を踏み入れることさえもできなくなった。大学ではもう、研究も教育もどこかへ行ってしまった。大学当局は、筋を立てて暴力学生を処罰しないで放置していたと思う。うやむやのうちに過ぎ、あとにはただ荒廃だけが残った。この問題は決して解決していない。会社のストライキと大学のストライキとは意義が違うはずなのに、あちこちの大学当局はストライキをしても処罰しない、と明言してしまった。そこここに汚ならしい立て看板が立っていても、大学当局は放置しているありさまである。

これでよいのであろうか……。こういう経験から、わたくしは研究施設というものを、やはり大学外に置くべきだと考えるに至った。これが東方研究会をつくったこと、また東方学院を開講したことの大きな動機である。日本全体のことはどうにもならないが、自分のなし得ることをその範囲で実行しようと思った。

わたくしはこの本の中で、日本の大学のセクショナリズムにたびたび苦言を呈してきた。このセクショナリズムのために、すなわち細分化された専門別の偏狭な縄張り意識のために、大学では「人間」を全きものとして把握し、研究することができない。いわば学問の自由が、さまざまな形で制約されているのである。これでは、人間の生き方にどこかでつながるはずだ、とわたくしが考えている学問は、とうてい望むべくもない。

東方学院は、大学を離れた学問の独立の場である。それは真理追究の「意義」にかんがみ、とかく見失われる恐れのある「人間の回復」をめざし、その理想に賛同する学者個人と、そのもとに参集する学徒とによって構成される、共同体としてのグループの連合である。いわば「個人指導の場の共同体」である。だから規則で縛ることをせず、聴講者（「研究会員」と呼ぶ）は、自分の聞きたい講義だけを自由に聞けるようになっている。

講義は五十近くあり、サンスクリット語、パーリ語、ヒンディー語、ベンガル語、タミル語、チベット語、ギリシア語、中国語などの特殊なものもあり、特にサンスクリット入門講義とチベット文献講読の数の多いことでは、日本のどの大学にもひけを取らないと思う。わたくしの専門の関係から、諸講師によるインド思想や仏教に関する講義は圧倒的に多く、なかには日本仏教、仏教入門のような入門的なものもある。

東方学院の講義。東京・大手町の在家仏教協会で

わたくし自身も毎週月曜日と木曜日の五時から三時間の講義を受けもっている。「大学」というと程度が高く、「公開講座」というと程度が低いというのが世間の人々の理解であるが、わたくしがめざすところは逆である。今の大学では、人々に、あるいは本当の研究者に絶対必要な講義をしてくれない。東方学院では、「人生論」「芸術論」「宗教」というような講義をしているが、これは実は、諸大学が敬遠して手をつけないものである。

ここには、本当に勉強したい人だけが来る。学歴、年齢、職業、国籍、性別などには、一切とらわれない。聴講者は諸大学の学生、ビジネスマン、宗教家、自由業、主婦などさまざまで、大学教授も幾人かいる。ある宗教家は毎週京都から夜行列車で聴講に来る。みな学問が好きで来るのである。したがって、ゲバだの、ツルシ上げだの、団交だとか、そういう雑音は一切起こらない。大阪分校（昭和五十九年創立）を含めて四十二人いる諸講師には奉仕的に講義していただいている。

東方学院の本部（東方研究会の事務所でもある）は、昭和五十八年以来、国電御茶の水駅近く、湯島聖堂の裏にある小さなビルディングの一フロアに置かれている。そこを購入することができたのは、同学の人々や、友人たちの奔走によるものであった。尽力された方々の好意はいちいち記しきれないが、一高時代の友人のうちでは特に、中村敏夫、星埜保夫（現・高千穂商科大学学長）宇佐見鐵雄、新井正明（前・住友生命会長）の諸氏は、忙しい時間を割いて諸方面を説得された。

その場所（千代田区外神田二丁目一七の二）は、駅に近く便利であるのに加えて、あたりは学問の上で、いろいろと由緒あるところである。湯島聖堂は、いうまでもなくわが国漢学の発祥地であり、裏手の神田明神は、あの〝明神下の銭形平次〟で知られるばかりではない、国学の発祥地であり、その旨を記している碑が建っている。またすこし北方にある霊雲寺という寺は、浄厳律師が江戸時代に梵学（梵語すなわちサンスクリットの学問）を始めたところである。大学や研究所がとかく都心を離れて遠隔の地に逃げ出して行き、「都心は精神的砂漠」といわれている中で、あえて東京のど真ん中に、しかもわが国学問の発祥地とされる場所に踏みとどまって、小さな学問所で学問を守ることに、わたくしは名状し難い喜びを感じる。

蟹はおのれの甲羅に似せて穴を彫るという。東方研究会は若い研究者の育成を主眼としていたものの、留学生を海外に送るなどという大それた事業は考えていなかった。ところが、ある篤志家の事業家が、自分が若いときにできなかったから、これから若い学徒に釈尊の精神を勉強してきてもらいたい、といって奨学金を提供されたのである。その方は、決してご自分の名前は出さないで欲しいといわれた。伺えば、若い頃に、ある禅僧から「ええことでも、悪いことでも、こっそりやれ」といわれたからであるという。この奨学金のおかげで、毎年三、四人ずつアジア諸国へ留学生を派遣し、現在までに十七人を数える。

東方学院の開講、留学生の派遣、その他、東方研究会では研究の助成、外国人学者の世話、南アジアへの視察団の派遣、また、「東方学術賞」の授与などの事業を行なっている。

わたくしは一高卒業のとき、ペッォルド先生の推薦もあったらしいが、思いがけもなくドイツ大使館から賞をいただいた。ドイツの美しい風景の写真集のようなものを頂戴したが、それは孤影悄然たる貧書生のわたくしを大いに力づけてくれた。東方学術賞をインド大使館と共催で設けたのは、そのときのヒントがあったからである。これはインド思想、文化およびアジアにおけるその発展形態を研究した人を顕彰するものである。

こういう試みは、いつかは実を結ぶことと思う。あの大倉山学院に当時なだれこんだ若い無名の研究者たちは、三十余年後の今日、それぞれの方面で押しも押されぬ一流の学者になっている。それを思えば、その望みなしとはいわれまい。

わたくしの二人の娘はすでに嫁いでいる。わたくしの父も母も、中村の家を継ぐためにそれぞれ養子、養女になってくれたのに、わたくしの代で絶えてしまうのは申し訳ない気がするが、わたくしは東方研究会に、あとに残るものを残したいと願っている。

新たな開拓へ

学者は、よく本が高くて買えないというが、わたくしにとって頭痛の種は、本を置くスペースの代金である。東京では本代よりも本をおく場所代、土地の代金のほうがはるかに高いのである。

わたくしの自宅には、本を取るためには猿のようによじ登らなければならない木造の普通の書庫の他に、鉄筋コンクリートの不燃の書庫とレールを引いた移動式書庫の三つ

自宅の書庫のうず高く積まれた本に囲まれて

がある（かつては、ガレージを書庫に変えたものもあった）。そこに納まりきれないものは、東方学院に置いているが、本を置く場所の確保と維持には、いつまでも苦労させられる。

本は全集ごとにきちんと並べる式ではなく、内容の共通するものを大小とりまぜて書棚に納めているから、あまり見栄えのいいものではない。それに書斎は常に散乱している。いちいち整理していては原稿を書く時間がなくなってしまうからである。それで家内は、「人間の生存できる場所がない」と、こぼすことしきりである。そういう状態のところへ、買った本がどっと届けられることがある。あるとき、インドで出版社のほこりだらけの倉庫に入り、手当たり次第買ってきた書物の小包が約六十個、何とお正月の元日に届けられた。元日に休みもしないで書留の書籍小包を届けてくれた郵便局の人々に、わたくしは感謝したが、そのときに家内のあげた悲鳴の大きさは、おおかたのご想像にお任せする。

世間の人々は人文科学の研究といえば瞑想浄机のもと、静かに本さえ読んでいればよいと考えるが、とんでもない。人文科学は肉体労働である。大きな本や資料をいくつもかかえて移動する体力がなければならない。

わたくしは体は弱くてすぐに風邪をひくが、おかげさまで持病はない。このことに目に見えぬ恩恵を深く感じ、体の動く限り、わたくしを育ててくださった方々への「報恩」の念をもって進みたいと思っている。その方々の多くはもはやこの世におられないが、わたくしの心の中には生きている。そしてわたくしは涙する心をもって会うことができる。もはや恩返しもできないが、後から来る人々に尽くすことによって、責めを果たしたいと願っている。

いまやわたくしはまったく在野の無職の学者となり、しかも小さな研究所を運営するという、考えてみれば無謀なことをやっている。「悠々自適」というようなそんな呑気な生活ではない。老人になれば、引退して悠々自適のうちにあって後進を育成するのがつとめだ、という人もいる。が、わたくしはそうは思わない。若い学者は既成の大家に遠慮して、なかなか新しい学問を展開しない。それが自らの生活の問題とからんでいるので、なおさら難しいのである。だから、老人が新しい進路を開く義務があると思う。老人は真っ先に立って、新しい学問を開拓する必要がある。

わたくしは、インド思想や仏教の研究でまだまだやり残したことがある。自分が研究してきたことを組織し体系化することも、まだ果たしていない。体が動くうちにそれは努力してなさなければならないが、それとともに、わたくしは近年はじめた新しい研究を完成させたいと切に願っている。その第一歩は論理学における新境地を開拓する仕事である。

論理学は、本来、普遍的な学問であるべきはずのものである。ところが現実に成立した論理学が歴史的、社会的基盤に制約されていることは、西洋のアリストテレス（前三八四〜前三二二）に始まる形式論理学と仏教の論理学である因明とを比べるとわかる。

例えば、政治家に向かって、「あなたは次の選挙に立候補なさいますか？」と聞いたときに、彼が「わしは立候補するのでもない。立候補しないのでもないのじゃ」と答えたとする。この立言は、「互いに矛盾する二つの命題があるとき、真理はこのいずれか一方にある」とする排中律を根本原理とする西洋の論理学では、「誤謬《ごびゅう》」とされる。つまり、「〝A〟にあらず〝ノンA〟にあらず」は、この論理学では誤謬なのである。ところが因明によれば、これに基づく推理は「真偽不定」となる。すなわち両者が、真偽あるいは正邪を判断する次元は、違うのである。

こういうことから、わたくしはかつて、インド論理学や仏教論理学を新たな視点から解明することを思い立ち、折に触れて、その方面の研究を進めてきた。インド古代思想の中で論理学と関係の深いヴァイシェーシカ学派の典籍や、ニャーヤ学派の根本聖典『ニャーヤ・スートラ』などの邦訳も手がけてみたし、『勝宗十句議論』を邦訳した。この書は十のカテゴリー論の立場から書かれているので、アリストテレスの十のカテゴリー論との比較も行なったが、なかなかおもしろかった。仏教論理学である因明のほうでは、その根本典籍である慈恩大師の『因明入正理論疏』を邦訳した。また、インド論理学の術語の集成を発表したこともあるが、それはこの研究のためには、まず術語をわかりやすい表現にする必要があると思ったからである。これとは別に、インド哲学の論理を、西洋論理学の最新の手法である記号論理学で検討するという試みを行なったこともある。

昭和二十六年にスタンフォード大学の哲学研究室で見た光景は、衝撃的であった、論理学の研究だというのに、教授と学生が黒板に数式ばかり書いて論議している。記号論理学で論理計算をしていたのであるが、まるで数学の研究室に足を踏み入れたような気がしたものである。そこでわたくしは、大乗仏教の基本である〝空〟の論理を記号論理学で解明すればどういうことになるかと考えた。この所論は英文で発表した。このような試みがなぜ必要と思ったかというと、そのわけはこうである。仏教に限らずインドの哲学思想の書は、関係代名詞を幾つも用いた複文からなる論述が非常に多く、一般の西洋論理学の表現形式に書き換えることがきわめて困難である。ところが、記号論理学だと、それがわりに楽に解明できると思われたからであった。

わたくしが新たに始めた研究は、こういう過去の研究を土台にしているが、めざすところはまったく異なっている。論理を自覚し、論理の構造を解明する学問、すなわち論理学を考え出した人々は、それぞれの文化圏において自分たちがつくり上げた論理学体系が、唯一のものであると考えていた。ところが、最近になって異なった文化圏の間で、接触ないし交流が密になると、既成の論理学体系がいずれもそれぞれの文化圏における歴史的、社会的、風土的な制約を受けていることに気づくようになった。すなわち本来、普遍的であるべきはずの論理学が、別の文化圏にはあてはまらないということが起きてきたのである。

そこで、わたくしの新しいその試みをいうのは、わかりやすい表現を用いるならば、「東西の論理学の比較考察」を行なうことにある。しかし、比較しただけでただ並べるのであるならば、それは知的好奇心を満足させるだけで、新しいものを創造することにはならない。わたくしは異質的なものの対立の基底にまで入り込み、両者を究極的には総括する方向をめざしている。思惟に基づく学問の根本が論理である限り、この企図が成就すれば、それは学問の改革となり、やがて領域をひろげることになろう。

この研究の試みは、すでに雑誌に連載中であるが、回を追うごとにますます容易ならざる研究であることが実感されてくる。この歳になってこのような密林に足を踏み入れることになろうとは予想もしなかったが、もはや退くことはできない。原典を読んでいてなかなか進まない場合など泣きたくなるが、わたくしは壮年のとき以上に勉め強いて、この研究を開拓していく覚悟でいる。

小宇宙即大宇宙

インドは、杖を曳かねばならない今になっても、機会があれば訪ねてみたいと思っているところである。インドに行けば必ず何かしら学ぶことがある。

東大を退官したあと、これからはインドに自由に出かけられるぞ、と思って楽しみにしていたが、なかなかそうもいかなかった。その年（昭和四十八年）の五月中旬に、インドのデリー大学がわたくしに名誉学位を授与することになり招待されたが、あいにく先約があり、行くことができなかった。先約とは、ヴェトナムのサイゴンのバンハン大学でも名誉学位が授与されることになり、そちらに行かなければならなかったからである。それ以前、昭和四十一年、わたくしは全インド・サンスクリット学会から「知識の博士（ヴィディヤー・ヴァーチャスパティ）という学位を授与されていた。デリー大学の名誉学位は後日インド大使館で儀式を行なって授与証書や立派なガウンを受けとった。その後五十七年にはスリランカのケーラニア大学から名誉学位を受けた。中国の西の西北大学からは名誉教授の称号を受けた。

このようなことは、学問それ自体と直接関わるものではないが、退官後には思いがけぬ恩賞にあずかった。民間からばかりでなく、国からも昭和四十九年に紫綬褒章、昭和五十二年に文化勲章、昭和五十九年に勲一等瑞宝章、学士院会員にあずかった。本来、他の方々のおかげでやってきたのに、個人が受けるのははなはだ心苦しい気持ちでいっぱいであった。

昭和五十二年、文化勲章受章の記念写真

こういう名誉や恩賞にあずかりながら、わたくし自身の精神的研究がやっと今になって真の意味で始まったと告白するのは、まことに申し訳ないことであるかもしれない。しかし、わたくしは、自分に必要であったと思われる永い廻り道を経て、「歴史的研究を超えるもの」「比較研究を超えるもの」としての学問の新しい領域に入らなければならなかった。五十三人の善知識を訪ねた、あの求道《ぐどう》の菩薩・善財童子の求道遍路の旅に、わたくしもまたすでに出たものと信じている。

人間はいかに生きたらよいのであろうか——。わたくしもその答えを求めて旅に出たのであるが、ここで次代をになう若い方々に日頃の所感を二、三述べることを許されたい。

わたくしの大先輩に加藤玄智先生がおられた。東大で師事した長井真琴先生の先生にあたる方で、東京帝大哲学科卒業後、諸大学に勤められ、神道の宗教学的研究を開拓された。平田篤胤《あつたね》は、本居宣長からついに親しく指導を受ける機会を得なかったが、終生本居宣長を景仰したといわれる。加藤先生とわたくしの関係を、もしも僭越にもこれにたとえることが許されるならば、わたくしはありがたく思う。わたくしは一度も先生に会ったことがないが、先生から強烈な影響を受けたのである。

先生には『神道の宗教発達史研究』（昭和十年）という大著がある。これは比較宗教学的に神道の発展形態を論じたものである。わたくしはこの書を初めて手にしたとき驚嘆した。神道の発達史が、実に世界思想史の視点から検討されるという、そのグローバルな見方に驚かされたのである。同時に、先生の学問的勇気に深く敬意を表わした。この書の中では、例えば、天照大神もインカ族の太陽崇拝などと同じテーマで論じられている。学問に対する暴圧がはげしかった時代に、よくもこのような書を公刊できたものだと思った（おそらく先生が他の諸民族の類例を、英文やドイツ語で引用されたので、憲兵隊や特高警察の人々の目にとまらなかったからであろう）。この大著には、東西のおびただしい資料があげられている。神道はわたくしの専攻とは別のものであると考えていたが、その資料を通覧すると、宗教的諸潮流における幾多の問題が理論的に結びつくのである。わたくしの『世界思想史』の研究をうながした一つは、実は、加藤先生のこの書のテーマの立て方であった。先生の学恩は、その他数えきれない。ただ書面を通じてだけ教えを受けただけであったが、その感化は深く刻まれている。

そのような独創的で視野の広い研究をされた加藤先生は、しかし、ご生前、諸大学で必ずしも好遇を与えられたわけではなかった。この画期的な研究に対する没後の評価を思えば、むしろそれは、不遇の生涯であったともいえるのではないか。

なぜここで、加藤先生のことに言及したかというと、人文科学の世界では往々にして

「学問を学ぶには、まず自らを勉め強いること―」
（東方学院で。机上にあるのは、不動明王像）

こういうことがあるということを述べたかったからである。前述したように、人文科学の研究の多くは、一般人の間ではもちろんのこと、学界でもすぐに承認されるものではない。自然科学であれば、実験結果が研究のとおりだと認めてもらえようが、人文科学では、ある大家が「ダメだ」といえば、それっきりになることが多い。

人文科学にたずさわる若き研究者の行く手は、その意味では永く辛い荊棘《いばら》の道である、といえるかもしれない。しかし、その中で勉め強いることの楽しみもあるはずである。そして、永く道を歩むことを覚悟して堪え忍んで勉強していけば、いつかは芽が出るものである。あるいは、大きなる評価が与えられるのが没後のことであろうと、何をなそうとしたか、それ自体に大きな意義があるものとわたくしは信じる。

マンダラ（曼陀羅）というものがある。神聖な壇に仏・菩薩を配置し、真理を表わした図絵である。その中には仏・菩薩のみならず、悪魔も配置されている。悪魔はわれわれの人生における災難や災害、挫折や失敗など、不幸だとみられる出来事を象徴しているかのようである。しかし、それらはこの真理を表わした図絵の中で、確かに位置を占めていることを思わなければならない。

学問に直接たずさわらない若い人々も、この意味を考えていただきたい。人生、何が幸せとなり、何が不幸となるかわからないのである。卑近な例をあげれば、一流校に入ることはそれ自体「順縁」を結んだといえようが、その人がそのことを鼻にかければ、人々から嫌われるし、入ったというだけで、油断をすれば、気づいたときには堕落の極にいたということもある。そういう事例をわたくしはこれまで数多く目にし、耳にしてきた。順縁と逆縁は移ろうものである。一流校に入れなかったからといって、悲観することはない。逆縁は順縁として生かすことが可能である。

わたくしは、このような「マンダラ的思考」をもって、若い人々がそれぞれの道を歩まれんことを願うものである。

人は全宇宙によって生かされている。各個人は、全宇宙をそのうちに映し出す鏡である。この意味においては、各個人は「小宇宙」であるといえようが、ただし、その「小宇宙」なるものは、他の「小宇宙」と代えることのできない「小宇宙」なのである。このことわりを理解するならば、極端に離れて対立しているように見える「小宇宙」は、「大宇宙」なのである。因果の連鎖の網の中では、微少なる宇宙と無限に深い宇宙とが相即する。してみれば、各個人それぞれの道は、たとえ狭いものであろうとも、その中に無限に大きな意味を求めることができるはずのものであるに違いない。

夢に、大、小はない。道に、広い、狭いはない。このことを現実に即して理解しながら生きていくことが、若い人々に課せられた、苦しみであり喜びであろうと思う。さまざまな夢も、さまざまな道も、無限に深く大きなものであることを自覚されて、歩まれんことを望んでやまない。

※「著作論文目録」は、この復刻版では割愛しました。

『学問の開拓』復刻にあたって――父 中村元の記憶

今年平成二十四年は私の父・中村元の生誕一〇〇年にあたるということで、松江市の有志の方々や財団法人東方研究会（二〇一二年七月二日に公益財団法人中村元東方研究所に改称）理事長前田專學先生をはじめとする多くの皆様のご尽力によって「中村元記念館」が実現しようとしています。父の著作や父が残した蔵書、ゆかりの品々などをこの記念館に寄贈させていただき、ここが文字通り父の学問の目に見える記憶となりますとともに、将来にわたって若い研究者の皆様にとってのインド哲学・仏教学の研究のためのひとつのセンターの役割を果たすことができれば、父も心から喜んでくれるものと信じております。

そして長らく絶版となっておりました「学問の開拓」が復刻されることになりました。在りし日の父の学問に対する姿勢と想いが、若い方々への何らかの刺激となって伝わり、その中から新たな学問の芽が生まれることを父は何よりも望んでいることと思います。

このたびの復刻の機会に、ハーベスト出版様から父にまつわる話を何か書くようにとのご要望がありました。記憶もおぼろげではありますが、哲学者中村元の家庭人としての側面と、原著で本人が語りました以降の出来事などを少々お伝えさせていただこうと思います。

父は大正元(一九一二)年十一月二十八日に島根県松江市殿町で生まれました。生家は代々松江藩の武家の流れを汲む旧家で、男ばかり四人兄弟の長男でした。幼少の頃から両親は長男としての責任感のようなものを植え付けようとしていたようで、とくに礼儀と責任感については、幼少期から厳しくしつけられたと言っておりました。父が二歳の時に一家は東京に移り住むことになり、父も松江を離れました。父の話によると代々伝わる鎧兜や父の生まれた部屋にかけてあったという三幅の掛け軸、後に東大史料編纂所に寄付した賀茂真淵の書、本居宣長の書なども携えていったと思われます。後日、父は自分自身と弟たちの学費を工面するために、奥谷の自宅の土地を手放さざるを得なくなり、そのことが生涯にわたる心の痛みとして残っていたようでした。私たちに対しても幾度となく「ご先祖様に申し訳ない」といっていた父の姿が思い出されます。

このように幼い時期に離れた松江でしたが、父は生涯松江を自分のふるさととして愛着の念を持ち続けておりました。とくに松江のお茶や和菓子などは大好物で、人様への贈り物にもいつも松江のものを好んで差し上げておりました。最近になって昔の父を知る方に、生前の父が松江のことをどんな風に言っていたのだろうと伺ってみましたら、「松江は僕の生まれ故郷なんだけれども、松江の本屋には僕の本は一冊も売っていないんだよ」と残念そうに言っていたそうです。

父が母と結婚したのは戦争も末期に近い昭和十九年八月三日のことでした。母は東京生まれでしたが祖父母はともに松江の出身でしたので、更にまた松江と縁が深くなったことになります。父母は一旦は東京に新居を構えましたが、すぐに空襲と食糧難のため、母は実家の両親と一緒に茨城県に疎開し、父は大学の研究室に住み込んで暮らしていたとのことです。そこで毎日豆を炒って食べていたと言っておりました。少しだけ残っている当時の写真を見ると、当然のことながらやせ細っておりますが、研究室の本や資料の中で暮らす生活は、或いは父にとっては案外幸せであったのかもしれないと思ったりもします。

終戦後、世の中が少し落ち着いた昭和二十二年に、一家は前年に生まれた私を連れて東京郊外の杉並区久我山に移り住み、その後妹が生まれましたが一度も転居することなく、生涯をこの家で過ごしました。

久我山のその家は、歌舞伎俳優の松本幸四郎さん一家が築地を焼け出されて戦後の一時期に住まわれていた家だったとのことで、幸四郎さんのご著書の中で、「大きな柿の木のあったささやかな久我山の家」と記しておられるところです。

当時の久我山はまだ武蔵野の面影を残していて、家の周辺には雑木林と畑が一面に広がっていました。家々の囲いも生垣が多く、中村の家はお茶の木の垣根だったので、春になると母は新芽を摘んで、蒸してそれを小さな薪ストーブの上で炒ってお番茶を作っていました。薪ストーブと言ってもほとんど燃料は父の部屋から出される大量の紙屑でした。ストーブの周りに座り込んで、なにやら笑いながら、できたての熱いお茶を啜っていた両親を思い出すと、結構のどかで優雅なエコ生活をしていたものだと今頃感心します。

この家は敷地が細長く、東西両側の道路に面していたので、玄関の場所が東になったり西になったりしました。というのも、父の研究のために必要な本や資料がどんどん増え続け、本の重みで床が抜け落ちたり、本を収納するスペースを増やす必要に迫られて、頻繁に大工さんが入って家の増築・改築をしていました。

父はいつも本に囲まれていたい人で、引っ越しなどでしばらく本が読めないことや、本の場所が変わってしまうことを嫌がっておりました。ともかく今ある本の場所を変えずに、新しい本を置くスペースを造ろうとするので、増改築の繰り返しで家の中はまるで迷路のように複雑な構造になっていきました。実はそれに拍車をかけたのが母の普請好きで、母の思い付きで、ある日突然お風呂場のスペースが台所に変わったり、廊下にトイレが増えたり、軒下が部屋に変わったり、増改築の都合から家の玄関が西に向いたり東に向いたりしたというわけです。

こうして、家中のいたるところに本棚があり、台所や風呂、トイレが何箇所もあるという、何とも複雑怪奇な家が誕生しました。「泥棒も迷子になりそうな家」と皆様が言われまして、最近でも、記念館計画に関係される方々が見学に来られたりしますが、家の構造の複雑さには皆様びっくりしておられます。

増改築を重ねていても父の書斎は本で溢れかえり、まさに足の踏み場もないような有様でしたが、父なりに本の置き場を分類しているようでした。とくに父の恩師である宇井伯壽先生の著作は父の頭上に棚を設けて並べてあり、机の横には先生の書かれた「一輪月照西湖水」という額がかけてありました。

父の机の横には道路に面した窓があり、昔は生垣でしたが駐車場を作ったので、道路からよく見えたようでした。道を通る方には朝な夕なに机に向かう父の姿が見えていたようで、「雨戸がずうっと閉まっているので、ああ先生はもうおられないのだと寂しく思う」とご近所の方々に言われました。

父の書斎の前には、道路を跨いでお向かいの家にまで枝が届くような大きなソメイヨシノの桜の樹があり、父も道をゆく方々も春にはそれを楽しんでおりました。
毎朝の父の日課はその窓を開けて本にハタキをかけて埃を払うことからはじまるので、書斎には何本ものハタキがありました。はたきの先が痛んでくると古着物を裂いて補修するので、父のはたきはとても華やかでした。十本以上あったと思いますが、薄暗い書庫の古い書籍の間から華やかな模様のはたきがにょきにょき突き出ているのは、今思うとかなり奇妙な光景でした。

父は研究や学会の仕事で、インドをはじめとしてアジア各地、アメリカ、ヨーロッパ等に頻繁に出かける機会がありましたが、外国へ行くと、必ず時間のある限り本屋に行き、大量の本を買っていたようです。自分で持ちきれない時には後日船便で送られて来ました。元日に大量の書籍の段ボールが届いたこともありました。父の本を何冊も出版しているインドのモーティラール・バーナールシーダース社という本屋さんの話では、父はその書店を訪れるといつも三時間でも四時間でも本を眺めていたそうで、途中で食事を勧めて下さっても「私には本を見ていることが、ご馳走なのです」と言って本を読んでいたそうです。

そうやって父の蔵書の数は増え続けました。自分で国内外の書店で購入する以外に研究者、お弟子さん等が書いた本や論文の抜き刷りなどが国内外から大量に送られてきました。中には見ず知らずの方から自費出版した本なども送られてきました。しかし今になって、残されたこうした本や資料を見ると、多くの本や資料に線が引かれたり印が付けられたりしており、父が驚くほどの几帳面さと熱意を持って目を通していたことがわかります。

父の著作の特徴の一つは注釈や引用文献の多さにあるそうです。父は自分の著作や論考を纏めるにあたって、どんな細かい点についても必ず原典にあたり、出典を明らかにすることが極めて重要と考えていたようです。この目的のためには、自分の手の届く範囲に関係する資料を常に置いておく必要があったのだと思います。

父の資料類の纏め方は、関係のありそうな論文の抜き刷りやコピーのほか、雑誌類など関係するページだけを切り取り、それをパンチで穴を開け、こよりなどの紐を通して纏めて、台紙にアルファベットの見出しをつけて、ファイルしていました。

そのファイルの表紙は、大抵は東方学院の年度変わりで不要になった資料の表紙をはがし裏返したものか、使用済みの封筒、或いはクリーニング屋さんのＹシャツの入っていたビニール袋などに入れ、タイトルを書いた台紙を入れるというものでした。このようにして作ったファイルを一つの論文の作成ごとにひとまとめにして紐で括るというスタイルです。従って父の書斎や書棚にはこうしたファイルの山が沢山ありました。そして父の関心や学問の領域が広がるにつれて、こうした資料の山もどんどん増えていきました。父は日頃から一見ごちゃごちゃの紙屑のように見えるこうした束ねられた資料こそが自分にとって最も大切なものであり、また、後学の若手研究者にとっても宝の山になるはずだと申しておりました。

中村の家には内外からの郵便物が多く、郵便屋さんが日に二回も三回も配達に来ていました。父はいつもハガキをカバンに入れて、ちょっとでも待ち時間があると返事を書いていました。年賀状は年々増えて二〇〇〇枚を超えていましたが、晩年になるまでは年賀状の時期になると伊豆の伊東にあった別荘にひとりで籠って書いていました。

父の死後ある大学教授にお会いした時、「僕は学生時代に中村先生とは一面識もなかったのだけれど、不躾にも論文を書いては先生にお送りしていたのです。先生はそんな学生の論文にも必ずお読みくださった感想のお返事を下さったのです。それが僕にとってどれほど嬉しく、どれだけ励みになったことか、今日の僕のもとになりました」とおっしゃっていました。

また、父の所には内外から実に色々な分野の方が訪ねて来られていました。いつでもどんなお客様に対しても、にこやかに丁寧にご応対していたように思います。そしてお帰りになる時には必ず玄関から外まで出てお客人の姿が見えなくなるまでお見送りをしていました。私達もよく一緒にお見送りしました。

また、父自身もあちこちお訪ねしていたようで、日本各地および外国の色々な方から父がその方のお宅をお訪ねしたとのお話を伺いました。ずいぶん遠方まで伺っていたようでびっくりしました。またお礼を言うにも必ず電話ではなくお手紙を書くか、お宅を訪問して礼を尽くすべきであると私どもにも言っていました。

父が東大の文学部長をしていた時代に起きた大学紛争で、一部の過激な学生が研究室を封鎖したり、教官に対して暴力を振るったことは、ことのほか師を敬う父にはどうにも許せないことのようでした。当時の父の同僚だった先生のお話では、ある意味で当時の父は過激派学生に対し最も厳しい教官だったそうです。もっとも本人は、自分はネズミ年生まれで逃げ足は速いので、いつも真っ先に逃げていると言っていたのを記憶しております。晩年の父が私財を投じて財団法人東方研究会と東方学院を設立したのも、大学紛争で荒廃した大学ではなく、小さくても真に学びたい人が集まって勉強する場を設けたいという思いからでした。

幸にして、一研究者の父のこうした思いを理解し、賛同して、支援して下さる多くの方々や友人のお蔭で父の思いは形になり、現在も存続しています。とくに一高時代の友人たちの支援は生涯続きました。学生の時、同級生のお一人が病に倒れ、さらに家庭の事情で勉学を続けることが困難になられた時、父たち同級生がその当時の篤志家のもとを巡って、その方のための奨学資金を集めて学費を得たので勉学を続けられたという事があったそうです。その後各分野で活躍することになった父たちの友情の結束は生涯続き、また恩返しのようにその方は率先して父の志を支えてくださいました。

財団法人東方研究会と東方学院は、東京の中央線御茶ノ水駅のすぐ近くにあります。父は亡くなる二か月前まで東方学院で講義をすることに情熱を傾け、そして楽しみにしていました。晩年になっても、講義の前日はいつも講義の用意に一日をかけ勉強をしておりました。講義の日はいつもショルダーバッグに重い本や資料をいっぱいに入れ、入りきらないものや電車の中で読むようなものは手提げの紙袋に入れて持っていました。

お茶の水の駅を降りてニコライ聖堂と湯島聖堂の間にある聖橋を渡り、学問の発祥の場所であるという昌平坂学問所の跡地の碑を見て、湯島聖堂の角を曲がり、神田明神の鳥居をくぐったところにあるビルの四階の東方学院までのこの短い道を通るのが、父はとても好きだと言っていました。重い荷物を持つのは老齢の身には無理だからとタクシーを勧めても、駅からのこの道を歩くのが好きだと言っていた父の言葉を思い出します。

私の子供の頃から、家にいる時の父は、食事の時間と時々居間のソファーに横になって昼寝をする以外はほとんどの時間を書斎にこもって本や資料を読むか書き物をしておりました。家庭内での父は自分の勉強で忙しかったせいもあり、私たち子供と食事の時以外はあまり関わりがなかったように思います。宿題の語学や歴史などのことをちょっと教えてもらおうと父に聞くと、先ず「辞書を持っておいで」と言われて一緒に見ることから始まるので、あまり聞かなくなりました。

しかし、私の小学校卒業後五十年以上経った同窓会の席で、当時小学校の隣のクラスだった男の子から、私の父の話を聞かされたことがあります。詳しい話はもう分からないのですが、私たちが五年生か六年生の頃に、私の社会科の教科書を見た父が、その記述に誤りを見つけて、学校を通して教科書会社に訂正を求めたことがあるというのです。スリランカかインドの独立についての記述に関することのようなのですが、実際に教科書会社から訂正があって、その間のいきさつが先生から同じ学年の全生徒に説明された時、その友人は同級生の父親の行為であるけれど、小学生なりに何かしらとても誇らしい気持ちが残ったのを覚えていると言うのです。私も皆の記憶もおぼろげで、確かにそういうことはあったというものの、誰もその当時の教科書を保管していなくて、それ以上詳しいことが分からず残念でした。

父は下戸で、甘いものが大好きでした。和菓子もケーキも大好物で、特にアップルパイ・ア・ラ・モードと称する、焼き立てのアップルパイの上にアイスクリームをのせたケーキが大の好物でした。父が終戦後間もなくアメリカのスタンフォード大学に招聘されて行った時、世の中にこんな美味しいものがあるかとびっくりしたと聞かされたことがありますが、どんな田舎のレストランでも必ず「アップルパイ・ア・ラ・モードはありますか?」と聞いていた父の声を若干の気恥ずかしさとともに思い出します。

父には特に趣味といえるようなものはありませんでしたが、テレビの懐かしのメロディーなどの番組は母と一緒によく見ていました。奈良光枝や渡辺はま子などの歌を好んで聞いていたように思います。当時の私はピアノを、妹は声楽を習っていたので、食後に自宅の居間で姉妹で合奏したりすることもあり、こうした時には父は目をつぶって静かに聞いていてくれたのを思い出します。

父は職業柄仲人を頼まれる機会が多く、父と母の金婚式の時にも、この方々がお祝いの会を開いて下さって、その席で父が母のピアノの伴奏で童謡の「花嫁人形」を歌ったことがあります。食事の後で何度も二人で練習していましたが、私の知る限り、父が人前で歌を歌ったのは後にも先にもこれ一回だけだと思います。また、ずっと後の時代ですが、私や妹の子供たちが幼かった頃には、孫たちが騒ぐ声を聞きながら昼寝をするのが最高の楽しみだと言っておりました。

「ほんとに穏やかで優しいお顔をしておられるねぇ」と晩年の父はいつもサールナート出土の初転法輪の仏像の写真の前で手をあわせておりました。久我山の中村の家の玄関には、丸山勇先生にいただいた大きなこの仏様の写真が飾ってありました。

「もしわしが死んでどなたかお悔やみにいらして下さるようなことがあったら、わしの写真など飾らなくて良いからこの仏様を拝んでいただきなさい」などと言っておりました。今でもこの仏様の前に静かに佇み手を合わせて祈っていた着物の父の後姿が目に浮かびます。

若い時に腎臓病を患って休学していたことと関係するのかもしれませんが、晩年の父は腎臓の疾患と前立腺に癌が見つかったことから化学療法を受けておりました。その頃から体力的には相当衰えが目立つようになりました。それでも学問に対する意欲は持ち続けていたようにみえました。

自身の著作の集大成である春秋社の「決定版中村元選集」全三十二巻別巻八は文字通り、最晩年の衰えた体力と気力を振り絞って改訂を加えての刊行だったので、その完成をとても喜んでいました。この選集の全巻が完成した頃には体力的に相当衰えが目立ってきていまして、久我山の自宅に出版社の社長と編集長や担当の方々が完成の報告とお祝いに来られた時はとても喜び病床から着替えて記念の写真を撮ったのが、最後の公式の写真になってしまいました。

以前に原稿紛失事件があり、その後八年かけて全面的に書き直して、今度は東京書籍から出版された「佛教語大辞典」全三巻については、刊行後も常に改良を考えていたようで、思いつくと増語の原稿を書いていました。

父の最後の講義の日のカバンの中には、講義に使った「大唐西域記」とその本から採語したと思われるいくつもの単語が書かれた原稿用紙がありました。また別の原稿用紙には出典は書いてありませんが、単語と父の解説が三語書いてありました。

鑽仰・さんごう・過去の宗教的高人偉人を尊敬遵奉すること

単伝・たんでん・学僧が自分の悟り得た境地または思想を自分の信頼する弟子にのみ伝えること
徳風・とくふう・過去の偉大な人物の人格及び学問が後の人の範となって感化を及ぼすもととなること

とありました。その言葉はすでに出ている「広説佛教語大辞典」を調べてみますと出版されている解釈とは違ったものでした。もちろんこのまま使おうと思ったかさだかではありませんが少しでも改良を加えようとしていたことは確かと思われます。これらの改訂は後日「広説佛教語大辞典」全四巻として出版されました。

父が一九四二年に提出した博士論文で一九五〇年から一九五六年にかけて出版された「初期ヴェーダーンタ哲学史」の英訳は、一九七六年にインドのモーティラール・バーナールシーダース社から上巻が出版されましたが、下巻は晩年手を付けつつも完成していませんでした。父はずっと気にかけていたようで最後の力をふり絞って前田專學先生にその完成出版をお願いする遺言をしたので、前田先生が中心になって父の三回忌に出版までこぎつけていただきました。

それは「A History of Vedanta Philosophy : Part two」としてインドと日本で出版されました。ほぼ完成していた論理学の論考は、死後に「論理の構造」上下二巻として青土社から出版されました。

また長い間にわたって執筆していた「現代語訳大乗仏典」の七冊シリーズも東京書籍から編集され出版されました。

また、父は倫理学関連の書籍を特定の書棚に集めて、「これから勉強をするつもりなので、本を動かさないように」との指示を張り紙して書き残したりしておりましたが、新しい執筆には至らなかったようでした。しかし東方研究会の方々が、以前に一九八一年から十五年間にわたって雑誌に連載していたものを纏めて「構造倫理講座」全三巻として春秋社から七回忌に記念出版していただきました。

父の最期は父と母の希望もあって自宅で過ごしました。次第に混濁する意識の中でも、ベッドから手を上げて、指に白墨を握る形で声を出し、最後まで講義をする仕草を続けていました。医師であった母に脈をとられ静かに旅立ちました。

父は今東京の多磨霊園と菩提寺である松江市の真光寺内墓地に眠っております。亡くなって三年後に、父が生涯を通じて研究し続けてきたブッダのお生まれになったインドの地にも行きたいのではないかとの思いが強くなり、遺骨の一部をガンガー河へ散骨しました。前田専學先生のご尽力でインドのヴァーラーナシーの地元のバラモン僧の方をご紹介頂き、ヒンドゥー教の儀礼に則って遺族一同ガンガー河に船を浮かべて水葬を執り行いました。

昨年の十月十日、父の命日に多磨霊園の父のお墓参りをしました。その日は父が亡くなった日と同じような晴天でした。夫とともに父の建てた「慈しみの心」というブッダの言葉を刻んだ墓石の前に持ってきた花を供えましたら、どこからともなく季節はずれの大きなアゲハチョウが飛んできて、花に止まりました。しばらくじっとしておりましたが、私どもが立ち去ろうと歩き出したら蝶も空へ向かって飛んでいきました。私自身はこれまで輪廻転生とか生まれ変わりとかあまり信じていなかったのですが、この時はなぜか父が蝶になって会いに来てくれたと確信しました。

そして今は春四月。今年は特に厳しい冬でしたが、その寒さに耐えて父の書斎を覆うように大きく育った桜が青い空に映えて満開です。父が逝って十四年たちましたが、主がいなくなっても見事な花を咲かせてくれました。

平成二十四年四月

三木純子
（中村元長女）

追記

亡父の家を延々片づけておりましたが、沢山の書籍の他膨大な父の集めた資料、昔からの手紙や賞状なども保管されていました。

父は六十数年前に東京杉並区久我山のこの家に落ち着くまで随分引っ越しをしたはず

ですが、祖母が纏めておいたのか東京の誠之小学校、転校した大阪の天王寺第二尋常小学校の学年毎の修了証、成績表、卒業証書も残されていました。

驚いたことに、東京の高等師範付属中学校の毎年の修了証書及び卒業証書の名前の所には、なんと「島根懸士族　中村元」と記されてありました。第一高等学校の修了証にも「島根縣中村元」と記されていました。第一高等学校を昭和八年三月三十一日に卒業した三四一人全員の氏名が記された大きな紙には、文科乙組三十五名の一番に「中村元　島根」と記されていました。

父は学生時代の節目節目に、島根県の出身であると刷り込まれていたのだとわかりました。

そして「祝出征中村元君」と書かれた大きな幟も出てきました。七十年以上もたっていますのにまだ色鮮やかでした。父は島根県民として松江で入営したのでした。「島根県松江市歩兵第六三連隊第三大隊本部中村元殿」と書かれた父に宛てた手紙の束も出てきました。

遺品の中から父の松江への思いの一端が理解できたような気が致しましたので追記いたします。

あとがき

世界的なインド哲学・仏教学者である恩師中村元博士は、ちょうど一〇〇年前、大正元年十一月二十八日、松江でお生まれになり、平成十一年、八十六歳で亡くなり、「巨星墜つ」、と惜しまれた。今年はご生誕一〇〇年の記念の年である。

先生が亡くなって五年後、二〇〇四年三月十一～十三日、インド・ニューデリーで、先生の偉業を顕彰するための日印仏教哲学セミナーが開催された。会場には先生の遺影と全四十巻からなる『中村元選集〔決定版〕』など、幾冊もの著作が積み上げ展示されていた。

セミナー出席者の一人であろうか、その遺影と著作の山に向かって五体投地の礼を繰り返すインド人がいた。床に伏せるように全身を投げ出し、拝み、祈る礼である。この光景は、今も私の心に焼きついている。

先生には、新聞などに寄稿された短い自伝風の作品はあるが、――纏められて『東方の英知―わが師　わが友―』玉川大学出版部（一九七九）となっている――私の知る限り、自ら執筆され纏められたいわゆる「自伝」はない。自伝を書いてほしいという依頼を受けられたことはあるが、先生はその度に「即座に辞退した。わたくしの生涯には、特別に人に伝えるほどのものがあるわけではないし、またそういうことをする暇で、わたくしは未熟な自分自身の研究を進めねばならないと考えているからである」（本書「はしがき」）といって辞退されたようである。本書は、先生が故郷の松江で、「遠い昔を思い出しながらの口述」をされ、その「録音に基づいて、編集部の方で整理執筆」したもので、いわば自伝まがいの自伝である。とはいえ、先生ご自身の目で確認された一種の伝記ではある。

しかし本書は、いわゆる「回顧録とか、自伝」とは類を異にし、編集部の「学問人生論を語って欲しい」という要望に応えるもので、いわば、先生の学問の「開拓小史」のようなもので」（本書、一二五頁）ある。今少し具体的にいえば、東京大学を六十歳の定年で退職され、七十三歳になられた先生が、ご自分の生い立ちやご両親のこと、少年期、青年期のことなどにも触れながら、先生の学問観を語られたものである。

日本で学問といえば、いろいろな領域があるが、先生の学問領域は、日本の学問的区分では、一般読者にはなじみの薄い「インド哲学」である。最近では「哲学」といえば、非常に特殊な議論をするものと敬遠されがちなので、先生はご自分の専攻を「インド思想史」とされている。しかし「インド思想史」は、当然仏教研究をその中に含んでいるので、先生は「仏教学者」と呼ばれることもある。最近は大学の制度も目まぐるしく変化するので変わっているかもしれないが、先生の当時には、思想に関する学問が、西洋哲学、中国哲学、印度哲学、倫理学、宗教学、宗教史学などと細分されていて、それぞれ一種の縄張りがあって、外国では見られないようなセクショナリズムが横行していた。先生は、どのようなレッテルを貼られても構わないが、「日本の学問の『ナワバリ』意識に染まらず、ひたすら学問的な真理を追究することが、自分の仕事だと考えて」（本書、一八頁）おられ、それを自ら遂行された。そのために先生の学問領域は極めて広い。

インド哲学、仏教学から比較思想、歴史学などにわたり、年代的には古代から現代に至る。地理的には日本、インド、中国、韓国からヨーロッパ、アメリカにまで及んでいる。しかも広いばかりではなく、各学問領域での一番槍を目指し、斬新で、独創的・先駆的な研究を遂行された。

本書を口述されたのは、先生が勉め強いて、研究を重ねられ、昭和四十一年には全インド・サンスクリット学会から学位「知識の博士」を東大を定年退官された昭和四十八年には、ヴェトナムのバンハン大学から、ついでインドのデリー大学から名誉学位を、五十七年にはスリランカのケラニヤ大学と中国の西北大学から名誉教授の称号を受けられたばかりではなく、わが国からも昭和四十九年に紫綬褒章、五十二年には文化勲章を、五十九年には勲一等瑞宝章、学士院会員といったありとあらゆる国内外の最高の栄誉を得られた後のことである。昭和六十一年、すなわち先生七十四歳の時である。普通ならば、喜寿を間近に控え、学なり功成り、悠々自適の生活を送られてしかるべき時に、先生は「こういう名誉や恩賞にあずかりながら、わたくし自身の精神的研究がやっと今になって真の意味で始まったと告白するのは、まことに申し訳ないことであるかもしれない。しかし、わたくしは、自分に必要であったと思われる永い廻り道を経て、『歴史的研究を超えるもの』『比較研究を超えるもの』としての学問の新しい領域に入らなければならなかった。…人間はいかに生きたらよいのであろうか――。わたくしもその答えを求めて旅に出たのである…」（本書、二四九～二五〇頁）

先生は、この自らの旅を求道の菩薩・善財童子の求道遍路の旅になぞらえておられるが、何時旅立たれたのかは明確ではない。しかし私には、先生が東大を定年退官された昭和四十八年前後の事ではないかと思われる。先生の属しておられた印度哲学研究室では、定年退職される先生にその最終講義を行って頂くしきたりになっており、先生も「インド思想文化への視覚」と題されて最終講義を行われた。通例のように、今までのご自分の研究の総括と将来への展望を語られるものと思っていたところ、冒頭で「インド学は《エジプト学》か？」という問題提起をされて講義を進められたのである。ヨーロッパで発達したインド学の態度ないし研究方法は、古代エジプト文明をまったく死滅した文明、過去の遺物として研究するエジプト学と同じである、としてそれを拠り所としているご自分を含む日本のインド研究者を批判して、将来、インド思想文化の研究をどのような方向に発展させるべきか、次代を担う学生、院生、同窓生、同僚の教官など満堂を埋める聴衆に熱く語られ、大きな衝撃を与えられたのである。あの時のことは未だに忘れられない強烈な想い出として残っている。

東大の教官の定年は最近まで六十歳で、退官後はいずれかの私立大学に教授として再就職するのが通例であるが、先生はまったく異なる道を歩まれることになった。先生は、それ以前の昭和四十五年に設立されていた財団法人東方研究会（現在・公益財団法人中村元東方研究所）を母体に、公開講座としての東方学院を開講されたのである。これには、上述した先生の内面的変化ばかりではなく、昭和四十三〜四十四年に全国的に吹き荒れた学園紛争も大きく影響したようで、先生の苦い経験から、研究施設を大学の外に置くべきであると考えられ、財団法人東方研究会を設立され、東方学院を開講されたのである。

先生によれば、「東方学院は、大学を離れた学問の独立の場である。それは真理追究の『意義』にかんがみ、とかく見失われる恐れのある『人間の回復』をめざし、その理想に賛同する学者個人と、そのもとに参集する学徒とによって構成される、共同体としてのグループの連合である。いわば『個人指導の場の共同体』である。だから規則で縛ることをせず、聴講者（「研究会員」と呼ぶ）は、自分の聞きたい講義だけを自由に聞けるようになっている。…ここには本当に勉強したい人だけが来る。学歴、年齢、職業、国籍、性別などには、一切とらわれない。」（本書、二三五～二三七頁）

他方、財団法人東方研究会設立に関しては、別の経緯がある。昭和四十三年から始まった先生の大事業の一つ『佛教語大辞典』編纂事業のために集まったグループを仮に東方研究会と呼ばれていたが、同四五年には「東洋思想の研究およびその成果の普及」を目的とする文部省所管の財団法人東方研究会となった。この研究会は、当時貧しい学生たちに勉強させながらアルバイト料を提供し、少しでも彼らの経済的支援になるようにというお考えもあったと推測される。それは先生が、大学院に入学され「貧乏に喘いで」（本書、一二二頁）おられた昭和十一年ころ、すでに立派な業績を挙げた先輩が、就職の口もなく自殺したという事件に遭遇されたことが切っ掛けとなり、さらには平凡社社長下中弥三郎氏創設の「大倉山学院」で指導に当たられた経験で、研究者が共同の場で学問の上で交わることが大切であり、また苦難の道を歩まねばならない人文科学の研究者の養成の必要性を深く認識されたのである。最近になって大きな問題にされているオーヴァードクターの問題や若手研究者育成の問題の解決に、早くも昭和四十年代に取り組まれ、財団法人東方研究会の設立に踏み切られ、それを土台に東方学院を開講されたのであった。その先見の明、その奥に根ざした先生の他人の身になって考える、慈しみのこころの強さに打たれるものがある。

先生の新しい求道の旅は、財団法人東方研究会と東方学院で始まった。先生は、東大名誉教授、日本学士院会員など、いろいろな名誉ある肩書きをお持ちであったが、東方学院長を好んで使っておられた。「いまやわたくしはまったくの在野の無職の学者となり、しかも小さな研究所を運営するという、考えてみれば無謀なことをやっている。『悠々自適』というようなそんな呑気な生活ではない。老人になれば、引退して悠々自適のうちにあって後進を育成するのがつとめだ、という人もいる。が」といって、先生は、「老人が新しい進路を開く義務があると思う。老人は真っ先に立って、新しい学問を開拓する必要がある」（本書、二四三頁）と、宣言し、おわりなき開拓を始められたのである。事実このことばを、私は何回となく、先生の口から伺ったことがある。

先生は、これまでになされてきたインド思想や仏教の研究を組織化し、体系化することに努力されながら、「論理学における新境地を開拓する仕事」（本書、二四四頁）に努力された。この仕事は東西の論理学の比較考察を行うだけではなく、今まで古今東西の誰も試みたことのない「異質的なものの対立の基底にまで入り込み、両者を究極的には総括する方向をめざ」され、「壮年のとき以上に勉め強いて、この研究を開拓」（本書、二四七頁）された。この試みは少しづつ雑誌に連載され、先生の没後平成十二年に『論理の構造』上下として、青土社から出版された。先生が東西論理学に新生面を開拓された記念碑的業績である。

先生はまた、前述のように、東方学院で、「人間はいかに生きたらよいのであろうか」という問いの答えを求めて旅に出られ、昭和五十六年からある雑誌に、序章「慈悲」が冒頭を飾る「構造倫理講座」の連載を開始された。爾来毎月、十五年間、百七十八回の長期間にわたって書き続けられ——その間休載はわずか三回——平成八年に完結された。この講座は、財団法人東方研究会で編集され、平成十七年、先生の没後七回忌の折に、春秋社から『構造倫理講座Ⅰ〈東洋〉の倫理』、『構造倫理講座Ⅱ〈生きる道〉の倫理』、『構造倫理講座Ⅲ〈生命〉の倫理』の三巻として出版された。

最晩年の平成八年十二月二十六日、神田明神会館で行われた財団法人東方研究会の忘年会の席で、理事長の先生が、感慨深げに、やや天井を見つめながら、

「あっという間に一年が過ぎようとしています。越後の歌人良寛に、
形見とて、何遺すらん、春は花、夏ほととぎす、秋はもみじ葉
という歌があります。私の場合には、何を遺すか、というと、何も遺さなかったかも知れないが、一つだけ、人様に言えることがあります。それは東方研究会のことですね。他の学問をしている方々とは違っていて、われわれの祖先に伝えられている麗しい純な気持ちを皆さんが伝えている。この美しい精神を遺していらっしゃるから、私の場合は、この遺偈に通ずるものがあるように思います…。」（筆者の当日の録音テープから）

と挨拶された姿が今も眼前に浮かぶ。私たちの祖先に伝えられている美しい精神を伝え

る媒体となっている東方研究会をお預かりしてから、早いもので、十三年の歳月がいつしか流れた。

本稿を執筆するに当たって、本書を読み返してみて、財団法人東方研究会に対する先生の思いを再認識する事が出来た。

「わたくしの二人の娘はすでに嫁いでいる。わたくしの父も母も、中村の家を継ぐためにそれぞれ養子、養女になってくれたのに、わたくしの代で絶えてしまうのは申し訳ない気がするが、わたくしは東方研究会に、あとに残るものを残したいと願っている。」（本書、二四〇頁）

昭和六十一年（一九八六）の段階で、先生は先生の代で無くなる中村家の代わりに財団法人東方研究会をお考えになっているが、まだこの段階では、その財団法人東方研究会に何か「後に遺るもの」を遺したいが、何を遺すべきかを決めかねておられたと推定される。しかし平成八年の段階では、遺すべきものを決めておられた。それは「われわれの祖先に伝えられている麗しい純な気持ち」であり、「この美しい精神」である。

「この美しい精神」とは何か。このことばを述べられた平成八年は『構造倫理講座』を十五年かけて完成された年である。平成八年といえば、ちょうど先生ご自身が「一九九六（平成八）年から九七年にかけて種々の病気をして、病院通いをしたために、思うように研究を進めることができなかった」（『論理の構造』上巻「はしがき」）と述懐しておられる時期であり、先生が先ほどのご遺言を感慨深げに語られた年でもある。

仄聞するところによれば、先生は平成八年三月二十五日、医師である奥様から前立腺癌であることをお聞きになったそうである。先生は十五年間にわたる連載を終えられ、書き遺すべきものは書き終えたという感慨があったのではなかろうか。先生が書き遺すべきものと考えておられたもの、それは「われわれの祖先に伝えられている麗しい純な気持ち」「この美しい精神」であったのではなかろうか。そしてそれこそ、別の言葉で言えば、先生の『構造倫理講座』の冒頭を飾る言葉「慈悲」ではなかったかと思われる。

先生ご夫妻のお墓は、東京の多磨墓地にあり、その墓碑銘には「ブッダのことば」と題して、次のような文言が刻まれている。

一切の生きとし生けるものは、幸福であれ、安穏であれ、安楽であれ。

一切の生きとし生けるものは幸せであれ。

何びとも他人を欺いてはならない。たといどこにあっても他人を軽んじてはならない。互いに他人に苦痛を与えることを望んではならない。

この慈しみの心づかいを、しっかりとたもて。


これは原始仏教聖典『スッタニパータ』から先生が意訳され、それを奥様が書かれたもので、しかも平成七年の先生の誕生日に発注され、平成九年の奥様の誕生日に完成したそうである。その墓碑の前に仲良く立たれたご夫妻の写真が私の手許にある。

財団法人東方研究会は、いわば中村家の相続人であり、二〇一二年七月二日に公益財団法人中村元東方研究所と改称された。そしてさらに先生の生誕地松江に先生のご蔵書三万冊やご遺品などを収蔵する中村元記念館が設立され、特定非営利活動法人中村元記念館東洋思想文化研究所によって管理・運営される事になろうとしている。

このように相続し、発展させるべき精神的遺産、それは「慈しみのこころ」、すなわち「慈悲」の精神である。これは先生が生涯にわたって、古今東西の万巻の書を読み、ゴータマ・ブッダに仕え、思索された結果到達された究極の結論である。これこそ中村元記念館創立の理念となり、松江の方々に相続され、育まれて、やがて日本全体に、そして世界に向かって発信されること切望して止まない。

平成二十四年七月二十日

公益財団法人中村元東方研究所理事長・東方学院長

前　田　專　學

【追記】私は本稿を書くに当たって、先生から贈呈された『学問の開拓』を見ているが、この本にはこんな先生からの送り状が添えられていた。お人柄を偲ぶよすがとして追記することにする。

拝啓

時下ますますご清祥の段、およろこび申し上げます。

さて突然ですが、佼成出版社が小生のインタヴューを一冊にまとめて出版しました。

同社の「学問シリーズ」のうちの一冊ですが、序文で楽屋裏までバラしてしまったのは、小生の本が初めてだそうです。

ときに、つい気をゆるして尊名に言及しました失礼の段、悪しからずおゆるしください。尊名はこの書の一六三ページに出ておりますので、一冊お届け申し上げますが、ご笑納頂けませば、幸甚に存じます。

まずは略儀ながらご案内まで。

匆々

昭和六十一年十二月

中村　元

前田専學様

中村　元（なかむら　はじめ）

大正元年　島根県松江市生まれ
昭和十六年　東京帝国大学大学院修了
昭和十八年　東京大学文学部助教授、文学博士
昭和二十九年　東京大学教授
昭和四十八年　東京大学退官
同年　「東方学院」開講
昭和四十九年　紫綬褒章受賞
昭和五十二年　文化勲章受賞
昭和五十九年　学士院会員
平成十一年　没（享年八十六歳）

学問《がくもん》の開拓《かいたく》

二〇一二年八月二十日　復刻初版発行
二〇二四年四月二十日　第三刷発行

著　者　中村《なかむら》　元《はじめ》
発行者　谷口博則
発行所　ハーベスト出版
〒六九〇—〇一三三
島根県松江市東長江町九〇二—五九
ＴＥＬ　〇八五二—三六—九〇五九
ＦＡＸ　〇八五二—三六—五八八九
URL:https://www.tprint.co.jp/harvest/
E-mail:harvest@tprint.co.jp
印刷所　株式会社谷口印刷

Printed in Japan
ISBN978-4-86456-034-4 C0014